MILTON SCHWANTES

BREVE HISTÓRIA DE ISRAEL

ALTA BOOKS
GRUPO EDITORIAL

Breve história de Israel

Contra o Vento é uma empresa do Grupo Editorial Alta Books (STARLIN ALTA EDITORA E CONSULTORIA LTDA).

ISBN: 978-65-83604-85-9

Impresso no Brasil — 2ª Edição, 2025 — Edição revisada conforme o Acordo Ortográfico da Língua Portuguesa de 2009.

DADOS INTERNACIONAIS DE CATALOGAÇÃO NA PUBLICAÇÃO (CIP)
(BENITEZ Catalogação Ass. Editorial, MS, Brasil)

S399b
2. ed. Schwantes, Milton
Breve história de Israel / Milton Schwantes. – 2. ed. –
Rio de Janeiro : Contra O Vento, 2025.
94 p.; 16 x 23 cm

Bibliografia.
ISBN 978-65-83604-85-9

1. Israel – Aspectos culturais 2. Israel – Identidade étnica.
3. Israel – História. 4. Israel – Religião I. Título.

05-2025 / 69 CDD 956.94

Índice para catálogo sistemático :
1. Israel : História 956.94
Aline Graziele Benitez – Bibliotecária – CRB-1/3129

Produção Editorial: Grupo Editorial Alta Books
Diretor Editorial: Anderson Vieira
Editor da Obra: Eduardo de Proença
Vendas Governamentais: Cristiane Mutüs
Gerência Comercial: Claudio Lima

Gerência Marketing: Andréa Guatiello
Revisão: Alessandra S. O. Proença
Diagramação: Giovanni Pieroni
Capa: Victoria Cristina Eduardo

ALTA BOOKS
GRUPO EDITORIAL

Rua Viúva Cláudio, 291 — Bairro Industrial do Jacaré
CEP: 20.970-031 — Rio de Janeiro (RJ)
Tels.: (21) 3278-8069 / 3278-8419
www.altabooks.com.br — altabooks@altabooks.com.br
Ouvidoria: ouvidoria@altabooks.com.br

Editora
afiliada à:
ASSOCIADO

BREVE HISTÓRIA DE ISRAEL

SUMÁRIO

1. A TERRA DE ISRAEL

A Terra de Canaã ou Terra de Israel ou a Palestina é o lugar em que se desenvolve a história de Israel. É uma terra bem delimitada pelos desertos e pelo mar. Está mais aberta em direção ao norte, ao que chamamos de "Síria".

Na direção norte-sul, a Palestina é caracterizada por vales no litoral (Sarom) e pelo profundo vale do Jordão. Entre os dois estão as montanhas da Galileia, da Samaria e de Judá. A história de Israel é a história do povo dessas *montanhas*!

Na direção leste-oeste, a terra está marcada por grande quantidade de vales, criados pelas fortes chuvas do inverno. Isso subdivide o território em muitas unidades pequenas. A terra de Israel é pequena e muito subdividida!

Há períodos de chuva e de seca, como em todo o clima do Mediterrâneo. Estas chuvas distribuem-se de acordo com as montanhas. As terras mais irrigadas ficam ao ocidente das montanhas. Aí está a Sefelá (em Judá).

Nestes setores das montanhas bem como nas planícies (em especial na de Jezreel) havia bosques. Estes foram desaparecendo durante a história de Israel, em especial na época dos romanos. De todo modo, a história de Israel, nos tempos tribais, começa nestes bosques, nestas matas.

A Palestina se localiza entre a Mesopotâmia e o Egito. Duas rotas passam pela Palestina, fazendo a conexão entre os rios Eufrates e Nilo. Uma é o Caminho Real, na Transjordânia. Esta era muito importante quando o poder no Egito estava mais ao sul. A outra era o Caminho dos Filisteus, junto ao litoral. Esta era muito importante quando o poder central egípcio estava perto do delta do rio Nilo. Israel situa-se perto destas rotas, entre as duas, mas nenhuma passa pelas montanhas. Israel está perto, porém não dentro destas rotas.[1]

Não há que esquecer que no cimo das montanhas também passavam caminhos. Justamente onde as águas fluem para um ou outro lado, para ocidente (mar) ou para oriente (rio Jordão). Várias importantes cidades se estabeleceram nesta linha sul-norte. Cito tão somente algumas: Herbom, Belém, Jerusalém, Gibeá de Saul, Siquém, Samaria. É aí que transcorre a história de Israel, em especial nas montanhas, em suas partes bastante altas.

Mas, antes do surgimento de Israel, quer dizer antes de 1200 a.C., estas montanhas eram pouco ocupadas, porque em tempos do bronze era difícil limpar uma mata, como era a que havia nas montanhas. Quando em 1200 a.C. se introduziu o ferro na região, a vida tornou-se mais fácil. Além disso, mais ou menos naqueles tempos também se passa a ter as condições de construir cisternas. Assim se consegue armazenar águas da chuvas para usá-las nas secas do verão.

1 Para aprofundamento e detalhamento sobre a História de Israel, recomendo a leitura de Donner, 1997, 2 v.; Echegaray, 1995; 1985.

2. AS ORIGENS E O TRIBALISMO

A ciência histórica não nos apresenta este período de Israel como está no texto bíblico. A reconstrução fornecida pela historiografia difere do que se lê na Bíblia. Como podemos solucionar este problema na pastoral bíblica, sem negar a ciência histórica e sem ferir a fé do povo?

Há um certo consenso na pesquisa: Israel é um fenômeno da Palestina. Não vem de fora. Não, surge pela "conquista" ou por imigração. Há que se explicar a origem de Israel a partir da própria terra de Israel. A este Israel, produto da Palestina, agregaram-se outros grupos, de diversas origens (pastores do Sinai, "escravos" fugidos do Egito etc.).

Existem basicamente duas propostas para explicar o surgimento de Israel na e desde a Palestina: *1.* uns dizem que Israel resulta da imigração de pastores seminômades das cercanias das terras cultiváveis. Afirmam que estes pastores, em algum momento, interrompem sua transumância regular e tornam-se camponeses. Contudo, de onde vem tanta gente a ponto de colonizar as montanhas? Parece mais verdadeiro que, na Palestina, os pastores sejam consequência do campo do que o inverso! *2.* outros afirmam que Israel resulta da desintegração da sociedade cananeia ao final do período do bronze e do êxodo da população dos vales cananeus para as montanhas (Gottwald, 1986). Eu sigo esta hipótese.

A sociedade cananeia anterior a 1200 a.C. se localiza nas planícies (de Sarom e de Jezreel). Não alcança as montanhas que, na época, ainda estão em mata. Está sob o controle de grupos "invasores" de séculos anteriores, que formaram uma casta, uma elite militar (carro de guerra e couraças) que controlava o conjunto. Esta elite militar era urbana. Desde a cidade tinha o controle dos camponeses que viviam ao redor. A cidade com uma pequena parcela de campos ao redor formava uma unidade política: a cidade-estado. A cidade submetia os camponeses explorando seu produto. Os camponeses tinham o controle de seu trabalho e das terras. A elite não era latifundiária. Explorava por ter o controle das armas e a lógica da religião de El e Baal a seu favor. O tributo era pago porque as armas assim o exigiam e porque a religião assim o explicava, em especial nas grandes festas da colheita. A exploração era, portanto, tributarista.

Estas cidades-estado cananeias (Gaza, Megido, Bete Seã, Hazor) eram dependentes do império egípcio. Este, há alguns séculos, dominava a Palestina. Esta era a sua "colônia". Exploravam-na através de tributos que arrecadavam de suas cidades e de saques de guerra. O Egito aumentava, na Palestina, o terror e a miséria. (Até as crianças sabiam que o faraó era terrível.)

O império egípcio e a dominação dos reis das cidades tiveram um fim repentino. Por dentro e por fora foram desarticulados. Por dentro: a cidade do bronze mantinha dentro de si os setores camponeses. Isso já não era possível ao passar para a idade do ferro. As cidades tiveram que ser reduzidas a fortalezas militares. Os camponeses tiveram que organizar-se em aldeias, fora das cidades. Por fora: os povos do mar (filisteus e outros) passaram a controlar Gaza e as cidades próximas. Com isso, o faraó já não podia ir e vir na Palestina. Mas os filisteus, por sua vez, não criaram um império em sucessão aos faraós. Com isto, a Palestina já não vivia em domínios imperiais, o que durou até os assírios (722-701 a.C.). Nesta situação, formou-se Israel, resultando dos seguintes fatores:

a) A desintegração da sociedade, das cidades-estado cananeias, criou para os camponeses a necessidade e a possibilidade de buscar novas soluções para sua vida. Esta solução foi encontrada no êxodo para as montanhas.
b) Este êxodo para as montanhas tornou-se possível porque havia sido criada a técnica de fazer cisternas.

c) O uso do ferro tornou mais rápida a colonização das montanhas, e, de todo modo, a terra nova era atraente e a liberdade era um sonho. Israel integra, portanto, a montanha à história.

Diferentes grupos são atraídos por esta novidade em que vai se tornando a montanha. São muito importantes em qualidade, mas muito pequenos em quantidade, falando do ponto de vista histórico. Na Bíblia, os números atribuídos a estes grupos são altos, porém eles têm mais um sentido religioso do que histórico. Dizem algo sobre o valor desses grupos, não sobre sua quantidade.

Temos poucas informações sobre os transmigrantes, que, como o grupo de Abraão, vieram da Mesopotâmia. Parece haver aí algo de histórico, porque a vinculação com Harã na Mesopotâmia se repete em Isaque e em Jacó, mas pouco podemos dizer, historicamente, sobre tais imigrantes.

Por outro lado, há boas informações sobre os pastores palestinenses como Abraão, Isaque e Jacó. Viviam entre o deserto e as matas em uma área, entretanto, habitável para seminômades. Abraão e Isaque pertencem ao sul (a futura Judá), Jacó ao norte (futuros Israel/Efraim). Viviam do pastoreio, da criação de ovelhas. A família era seu horizonte social. Eram grupos muito pequenos; nem formavam tribos. Os problemas internos da família e o perigo que representam as cidades são os temas principais dos textos que falam deles (Gênesis 12-50). Seu Deus é *'el*. Este El atua na família, em favor dela e dos mais frágeis (escravos, crianças). Tem forte ligação com o pai da casa, sendo inclusive o seu Deus. Vai com o grupo. O grupo não vai a ele em peregrinação.

Os pastores de Cades, ao sul de Berseba, são diferentes dos anteriores. Cades é um oásis, bastante forte pelo que se sabe. Neste oásis era decisivo organizar as lutas ao redor da água. Deuteronômio 33,8-10 mostra os levitas nesta função e eles têm sua origem, provavelmente aí.

Os pastores do Sinai também são diferentes, porque vivem em uma área muito importante, com rotas comerciais e minas. Têm muita mobilidade. Aparecem em textos do sul do Egito. Seu território de migrações se estende. Isso dificulta saber onde fica o Sinai histórico. Provavelmente ao sul da Palestina em direção à Península da Arábia. O Deus do Sinai é Javé, porque assim o sabemos por uma inscrição egípcia e podemos ler em Juízes 5. Este Javé, nesse momento histórico, nos aparece como Deus de um lugar, uma montanha. Representa uma religião teofânica. Sua característica é não admitir outros deuses. Ele, Javé, é o único. Por aí passa o seu mandamento.

O grupo do êxodo tem alguma ligação com o pastoreio; porém sua origem é outra. São trabalhadores forçados pelo estado do faraó. Tiveram que ajudar a construir Ramessés, a nova capital do Egito, no delta. Daí se livram sob a orientação de Moisés. Resistem, a começar pelas mulheres e os anciãos; por fim, conseguem fugir. Junto ao mar, provavelmente bem ao norte, junto ao Mediterrâneo, escapam de uma guarnição de fronteira. Pelo Caminho dos Filisteus vão para Israel. Aí integram-se ao projeto das montanhas.

Na montanha ocorre uma integração entre estes grupos tão diferentes, entre cananeus e seminômadcs, entre trabalhadores do Egito e gente do Sinai. Têm coisas em comum: todos vêm de um êxodo, fugindo da opressão. Criam uma sociedade já sem opressor, rei ou faraó. Formam, nas montanhas, um antimodelo: anti-estado, anti-faraó, anti-opressão, sem cidades, sem templos, quase sem sacerdócio. O êxodo dos que estiveram no Egito torna-se paradigmático. Passa a estar em lugar de tantos outros êxodos. Afinal, Moisés havia estado "cara a cara" com o faraó e vencera! Assim, o êxodo do Egito torna-se o grande símbolo para todos que se assentam nas montanhas da Palestina.

Na montanha se estabelece o tribalismo (Gottwald, 1986). Nesta descentralização da sociedade está sua unidade. A família, a grande família camponesa é que controla a terra e destina para si e, às vezes, para seus parentes, o produto dela. Já não há tributo, porque não há exército, nem rei, nem sacerdote que necessitem do tributo para não trabalhar. As tribos não são instituições superiores, mas sim de apoio ao camponês e sua família na terra. As tribos não têm vida própria mas são derivadas da necessidade do clã, da família.

Os livros de Josué e Juízes têm como centro o tema da terra. Josué apresenta a libertação da terra (Josué 1—12) e logo, sua distribuição (Josué 13—19). Em Juízes temos histórias de lutas populares organizadas a partir de líderes carismáticos para manter livre a terra, livre dos cananeus (Juízes 4—5) e de outros invasores. Houve lutas para estabelecer e lutas heróicas para manter o projeto tribal, contra os cananeus da planície e contra os reis ao redor. Por ser este o enfoque principal, a atenção dos textos já não está voltada para dentro e não nos descreve o tribalismo como tal, seu funcionamento, sua vida diária.

As tribos tiveram trajetórias muito próprias e específicas. Cada uma segue seu próprio destino. O número doze que aparece no final é mais simbólico do que real. O número é fixo, mas quem são estas doze tribos é difícil de dizer. Houve mudanças. Novas tribos nasceram, outras se integraram.

Ao sul temos uma tribo que vai integrando as demais, é a de Judá. No início só está ao redor de Belém, logo se expande para o sul, incorporando a Hebrom (que era calebita), e avança até Berseba. Esta grande Judá será muito importante para a origem do reinado em Judá e Israel. Ao norte de Judá está outra tribo marcante, a de Efraim. Junto com Manassés e Gileade forma algo como que semelhante à tribo de Judá, porém diferente: em Judá tudo foi integrado; já ao norte cada tribo manteve sua autonomia. Isso é muito típico para o posterior estado de Israel. Entre Judá, ao sul, e Efraim-Manassés-Gileade, ao norte, estão as tribos de Benjamim e de Dã que teve que retirar-se ao extremo norte. Benjamim tem um papel importante na "conquista": Josué

1—12 são tradições de Benjamim. Também o primeiro rei, Saul, vem de Benjamim. Mas, Benjamim sofreu derrotas muito duras nestas suas experiências. Dã e Benjamim foram "massacrados" entre Judá, de um lado, e Efraim-Manassés-Gileade de outro. Das tribos do norte não temos muitas informações. Issacar e Zebulom têm seus nomes derivados do trabalho forçado. De algum modo viveram por muito tempo submetidas pelos cananeus. Neftali e Aser ocupavam regiões da montanha.

Especialmente importante é Juízes 5.[1] Este texto é dos mais antigos na Bíblia. Possivelmente é um canto das mulheres junto aos poços de água. Sua importância: *1.* aqui Javé, um Deus da teofania, "se faz" um Deus da história, sem que seja citada a memória do êxodo. É pois, um texto decisivo para a história religiosa de Israel; *2.* o tribalismo tem seu inimigo nos cananeus. Não encontra aliados entre as cidades, mas entre Jael, midianita. Aqui se vê que a luta é social, não racial nem ideológica; *3.* este Israel de Débora não consegue derrotar os cananeus, mas conquista em relação a eles alguns direitos, em especial o de ir e vir.

O tribalismo é igualitário, porque tudo é decidido em família. Aí todos têm o que comer, participam da sociedade em suas possibilidades. Há lugar para os meninos e as meninas no pastoreio, para os anciãos na transmissão do saber, para as mulheres na casa e na produção, para os estrangeiros integrados às famílias, para os homens no trabalho do campo. Todos produziam, consumiam e defendiam esta sociedade. Porém, havia também desigualdades que no momento inicial ainda não aparecem muito fortes mas que podiam reaparecer em algum momento de mudanças sociais de produção: os anciãos decidiam fortemente, os homens dominavam as mulheres, havia inclusive escravos. Em condições especiais e novas, estas tensões poderiam reaparecer em termos de conflitos sociais internos. Isso nos leva a perguntar pela origem

1 Ver: Dreher, 1984, 1986; 1992.

da monarquia a partir deste projeto igualitário tribal, ao redor do ano de 1050 a.C. Este é o tema do próximo capítulo.

Esta reconstrução da história, para a qual usamos descobertas arqueológicas, informações e textos do antigo oriente e dados do texto bíblico, é de todo modo muito diferente do que se lê na Bíblia. Como daremos conta deste problema, deste desencontro entre ciência bíblica e texto bíblico, na pastoral e na leitura popular da Bíblia? Por um lado, temos que evitar uma sobrecarga de informações que o povo da comunidade já não pode absorver, diante da qual se torna impotente. Por outro lado, também não se pode ignorar a ciência, fazendo de conta que ela não existe. Uma coisa seria pedagogicamente irresponsável, outra seria desonesta.

Em minha experiência é importante ler o texto bíblico na comunidade, com o povo. É o texto o que anima a vida e as lutas do povo. Por isso, temos que colocar toda a força nisso: na leitura do texto bíblico. E aí na medida da necessidade, de acordo com o interesse, vão se incorporando à leitura informações históricas que poderão ajudar a que não se calque no fundamentalismo. Mas também, tem que se evitar outro tipo de "fundamentalismo", o de simplesmente crer nas informações da ciência, porque esta é provisória, seus resultados nunca são definitivos, estando sempre abertos para novos conhecimentos. Por isso, não se trata de substituir o texto por dados da investigação histórica, mas sim, de ir iluminando a leitura comunitária e popular do texto bíblico, dessa memória profética e transformadora, com descobertas da ciência histórica, na medida do interesse e das possibilidades da comunidade.

3. CONSTITUIÇÃO DA MONARQUIA

A monarquia, o estado, era a realidade social nos vales. Daí o povo havia fugido para as montanhas. Mas, a monarquia por fim, também alcançou as montanhas, venceu o tribalismo como projeto social que excluía o estado. Isto se passou entre 1050 a.C. e 926 a.C. Também depois de 926 a.C. a monarquia continuou, porém já debilitada.

A monarquia se impôs. Mas o tribalismo jamais deixou de existir, ali nas montanhas. Foi vencido, mas não destruído. O que ocorreu, é que o estado se impôs sobre as aldeias e as tribos. Em parte afetou-as e danificou-as, mas não as destruiu. Nos profetas temos a voz das tribos e das famílias do campo. Nos macabeus são as tribos que tomam as armas. Em Jesus temos muitos traços do projeto tribal. O tribalismo continuou, provavelmente como a realidade da maioria do povo camponês. O tribalismo jamais tornou-se passado em Israel. Era o presente do povo, fonte de sua resistência contra reis e impérios.

O tribalismo não foi um acidente em Israel. Foi um projeto intencional, programado, pelo qual as pessoas lutaram muito, como se lê em Josué e Juízes. Criaram o tribalismo não porque fossem atrasados, mas porque eram muito avançados, revolucionários. Quiseram opor-se às monarquias ao redor. Já não queriam seguir senhores, nem reis. Isso tornou-se possível porque, nesse momento histórico, os filisteus estavam fracos e preocupados consigo mesmo. Os impérios no Egito e na Mesopotâmia não tinham como manter suas principais colônias. Neste "vazio" a militância anti-cidades criou o tribalismo. Este é um projeto que veio para ficar, para fermentar toda a história de Israel.

Desde o âmago, o tribalismo é açoitado por fortes golpes que o debilitam, que ameaçam sua coesão, que rompem seus laços de solidariedade. Antes de tudo, é preciso ver que o tribalismo é, em seu contexto, o modelo social mais avançado, mais moderno, mais criativo. Comprova-o a arqueologia. Nas montanhas aparecem milhares de novas aldeias, novas construções. Já na planície dos cananeus e filisteus nada de novo se passa. Pelo contrário, as cidades são menores. As construções aparecem mais frágeis. A novidade criativa está na montanha. Nestas montanhas se assumem as conquistas modernas, o ferro, a cisterna. A terra é boa, é nova. Produz bem. Também é diversificada com vales pequenos, com terras altas, férteis, como as da Sefelá. E, não por último, a divisão do trabalho é considerável. Na grande família todos se completam; têm suas tarefas específicas dentro de um sistema avançado da divisão do trabalho, sem exploração.

Nesta sociedade tribal a vida deve ter sido de relativa abundância: "e assentar-se-á cada um debaixo de sua videira, e debaixo da sua figueira" (Miqueias 4,4). E aí temos uma das dificuldades desta sociedade: seu excedente. Na medida em que este excedente aumenta, a família ajuda outros em necessidade. Usa-o nas festas, não constituindo as sobras um problema. Isso ocorre quando elas permanecem na produção. Tornam-se determinantes. Isso ocorreu com a introdução sempre mais forte do gado na produção, o que aumenta o problema: acumula o excedente. O gado representa o acúmulo do excedente de muitos anos. Representa o aparecimento do excedente no momento do uso da carne. Praticamente provoca algum tipo de comércio. Afora isto, aumenta a capacidade de produção quando usado na agricultura, com o arado. Precisa também ser defendido. Com cereal e ovelhas a pessoa pode fugir, com o gado não. Tem que defendê-lo. O gado necessita de armas de defesa, de exército. A monarquia virá "sobre o gado", como se vê em 1 Samuel 11, com Saul. O poder do gado se reflete muito bem em Êxodo 21—23. Ele é uma ameaça à vida das pessoas e ao mesmo tempo é protegido de modo especial. É um grande valor social. O gado tira espaço do povo.

Na outra ponta do processo socioeconômico, em que aparece o gado, está o pobre, o escravo, a escrava, como também se vê em Êxodo 21—23. O gado precisa de comida e de espaço. Isso é o que é tirado da comida e da terra dos que são feitos pobres. No final do século 11, havia pobres e não eram poucos, como se vê em Êxodo 21—23, e também em Juízes 9,4 e 11,3 que mencionam "homens miseráveis e vagabundos", e em 1 Samuel 22,2 que fala de "endividados e amargurados". Também a pobreza é uma fonte do estado, como logo veremos.

Junta-se a isso o fato de que já estavam sendo feitas algumas experiências de criação do estado. É o que se lê em Juízes 9. Abimeleque tentou e até conseguiu formar uma monarquia em Siquém. Foi derrotado, mas a ideia permaneceu. Também em Juízes 11—12 Jefté exige ser "cabeça" (uma espécie de rei) no caso dele conseguir derrotar os amonitas. O próprio Jefté era um "marginal", era filho de uma prostituta e marginalizado por sua família. Estes dois, Abimeleque e Jefté, eram senhores das armas. Esta é uma fonte do poder do estado, o exército.

Em Juízes 10,1-5 e 12,7-15, são citados os juízes/pacificadores de Israel (diferentes dos juízes/libertadores como Gideão/Abimeleque e Jefté). Alguns destes juízes/pacificadores eram muito ricos. Um tinha: "quarenta filhos e trinta netos, que montavam setenta cavalos" (Juízes 12,14), um verdadeiro exército "particular". Como se sustenta essa gente? Por tributos? Por presentes-tributos? Veja: a monarquia surgia por toda parte.

Por dentro vai aparecendo um rei. Por fora, invasões de povos vizinhos aceleram o processo. No tempo dos juízes também existiram invasões. O povo em armas tentava resistir. É também o que se passa com a ameaça contra Jabes de Gileade (1 Samuel 11). O povo se une a Saul e vence os invasores. Mas já existe aí uma grande novidade: Saul de Gibeá, em Benjamim, vai em defesa de Jabes, em Gileade. Por que não o fazem os de Gileade? Os de Efraim? Por que Benjamim, tão distante? É que aí aparece a questão territorial; afinal, o estado é um território maior que uma tribo. Ao ir de Gibeá para Jabes, Saul e seu exército constituem o estado. Não é pois, por acidente que, ao regressarem das lutas, Saul seja feito rei em Gilgal.

Isso porém, poderia ser episódico assim como foi a monarquia de Abimeleque ou de Jefté. O grande avanço ocorreu quando os filisteus anunciaram seu interesse em concorrer com Saul no controle da montanha. Os filisteus desencadearam o novo em sua forma mais clara. Para poder entender bem isso, há que se levar em conta o que se passa com esta região na montanha, para a qual os filisteus anunciam seus interesses, e que, não por acaso, é a terra de onde vem Saul, a localidade de Gibeá.

Já dissemos que a montanha não é parte das grandes rotas comerciais que passam pela Palestina, o Caminho dos Filisteus e o Caminho Real. Está entre os dois. Mas há ligações entre estas duas rotas. E estas, sim, são importantes para a montanha. Uma passa perto de Jerusalém, outra na altura de Siquém e Samaria, e a terceira, já está na planície, em Jezreel. Nos tempos do ferro, a rota que passa perto de Jerusalém era a mais importante.

Traços dessa rota já se percebe na própria distribuição do poder político na planície de Sarom. As cinco cidades filisteias (Gaza, Asdode, Ecrom, Gate, Ascalom) vão justamente até a altura da rota em direção a Jerusalém. Daí para o norte temos cidades cananeias, começando pela importante cidade de Gezer. Então, a fronteira entre cidades dos filisteus e dos cananeus situa-se na planície do litoral, na altura da rota. Em direção a Jerusalém, temos diferentes cidades, na subida da montanha. Afora Jerusalém, encontramos também Gibeá de Saul e Betel. Depois no Vale do Jordão, está Jericó. E, nas montanhas da Transjordânia, temos Amã. Com isso, a rota está claramente marcada. É antiga, mas seu ponto alto se dá a partir do período do ferro (a partir de 1300-1200 a.C. [Ferro I], em especial a partir de 1000 a.C. [Ferro II]).

Vimos a rota no sentido oeste-leste. Mas Jerusalém também é importante por estar no sentido norte-sul, onde encontramos:

Hebrom, Belém, Betel, Siquém, Samaria. Na altura de Jerusalém temos, pois, o cruzamento de duas rotas (secundárias, é verdade, comparadas às grandes rotas internacionais, como o Caminho dos Filisteus e o Caminho Real).

Já há mais tempo se disputava o controle desta rota, que na época do Ferro II começa a tornar-se importante. Dã quis viver aí e teve que fugir para o norte. Sansão pratica nesta área suas proezas. Benjamim procura tornar-se forte no controle antes de Saul e com ele. Mas também sucumbe. Vemos pois, que quem vive sobre a rota não consegue manter-se nela e dominá-la.

São três outros grupos sociais que anunciam seu interesse efetivamente: Efraim, Judá e os filisteus. Os filisteus são os primeiros. Põem guarnições na montanha para se tornar donos dos caminhos, do comércio. Vencem Saul. O segundo grupo é Judá, ou melhor, Davi. Ele vence. Para essa vitória é básico: Davi tem atrás de si uma grande e forte tribo, a da Grande Judá[1], um poder social significativo; esteve na escola dos filisteus e alcançou controlar Jerusalém, a fortaleza militar mais importante da região. Também Efraim anunciou seu interesse, mas já depois de Salomão, quando da divisão do estado de Davi e Salomão. Mas ao final Efraim/Israel não conseguiu superar Judá/Jerusalém no controle da rota que se constitui numa das fontes de poder do sul.

A monarquia na montanha se organiza ao redor desta rota, primeiro em Saul e depois com Davi, um de Gibeá e outro de Belém. E assim esta rota vem a ser decisiva para a história da montanha.[2]

Saul, Davi e Salomão representam três projetos monárquicos diferentes.[3] Três grupos diferentes os apóiam. Ou em outras palavras: Saul, Davi e Salomão são representantes de três grupos e projetos políticos distintos.

1 Ver: Bailão, 1994; 1997.

2 A respeito dessa rota comercial na altura de Jerusalém, ver: Schwantes, 2006.

3 A respeito dessa interpretação, ver os valiosos ensaios de Dreher, 1986b; 1990.

O estado de Saul é bem mais episódico. Há textos que dão a entender que durou vinte anos. Talvez só tenham sido dois! Não formou um exército profissional. Não organizou uma capital. Não deve ter exigido tributo. Sua família e alguns amigos eram sua corte, que mais se parecia com uma assembleia familiar. Tentou impor seu sucessor (Jônatas no início, depois outros filhos se candidataram). Mas nada disso funcionou.

Por que este estado não progrediu? Em parte porque os filisteus logo se opuseram. De outra parte porque quem sustentava essa corte, de fato, não queria o estado. O suporte do estado de Saul eram os "homens", os camponeses livres e mais abastados, os donos do gado (1 Samuel 11!). Esses queriam um rei, quando um inimigo estava próximo. Quando não havia inimigo, já não estavam interessados no estado. E Saul ficou sozinho com o estado que era de fato ele e sua família. Não surpreende que tenha ficado louco! O estado de Saul foi destruído pelos filisteus. Seus restos foram aniquilados por Davi ou aprisionados em Jerusalém. Gente da casa de Saul chama a Davi: "homem sanguinário e malvado" porque, a seu entender, derramou sangue da casa de Saul (2 Samuel 16,7-8).

O projeto de Davi[4] é outro. Forma-se no processo de sua vida. A princípio está com Saul. Parece que se apresenta como o seu melhor sucessor, porque é bom nas lutas contra os filisteus, porque é amigo de Jônatas e porque se casa com Mical, a filha do rei. Candidata-se à sucessão, mas fracassa. Tem que fugir de Saul e vai para o deserto. Aí, junta-se com outros sem rumo nem destino. São quatrocentos homens "endividados e desesperados" (1 Samuel 22,2), gente empobrecida, *hapiru*. Torna-se seu líder e comandante. Este grupo armado se transforma numa "defesa noite e dia, todo o tempo" (1 Samuel 25,16) do gado dos ricos, como Nabal. Os pobres organizados em exército tornam-se defensores

4 Recomendo a leitura de Noth, 1966, parágrafo 15. Considero a interpretação de Martin Noth sobre Davi uma das obras-primas da historiografia bíblica.

do gado dos ricos. Esta é uma das principais funções do estado de Davi. Ele vem a ser mercenário dos filisteus. Aí aprende o que é o estado em sua forma mais elaborada. Toma Hebrom, o centro da Grande Judá. Realmente a ocupa militarmente. Os de Judá o tornam seu rei na cidade ocupada por seu exército. Depois também Israel o aclama seu rei para ver-se livre dos filisteus. De Hebrom conquista Jerusalém. Esta tem a desvantagem de não estar no centro da Grande Judá, o que, contudo, também vem a ser uma vantagem, considerando que Jerusalém está voltada para o norte, onde então se situam as economias centrais da região. Jerusalém está na extremidade de Judá, quase fora do território tribal. Davi derrota os filisteus e põe sob seu controle a rota comercial. Este estado de Davi é algo muito novo, o primeiro na montanha. Marcará séculos de história política e outros tantos de representação simbólica. Este estado foi criado a partir da Grande Judá, como entidade política e social que conforma a sua base. Mas, no concreto é decidido não pelos "homens", pelos setores melhor situados economicamente. Estes, como Nabal, nem entendem Davi, chamam-no e aos seus de "servos que andam fugidos de seus senhores" (1 Samuel 25,10). São os pobres em armas os que são eixo deste estado. Eles estão a serviço dos senhores, são feitos mercenários.

Bem diferente é o grupo que está representado em Salomão. Já no final da vida de Davi existiram muitas lutas pela sucessão. Nestas lutas se opunham grupos mais ligados ao campo, a Judá, contra outros mais ligados à cidade. No momento da sucessão, estes dois partidos se opõem numa disputa de vida ou morte. Salomão vence contra Adonias. Salomão representa a cidade de Jerusalém, Adonias, o campo, Judá. Salomão é o governo das elites da cidade, do comércio.[5]

Para o comércio, as elites precisavam de produtos do campo. Necessitavam organizar a tributação! Em parte, Davi já tributava,

5 Ver: Schwantes, 1978.

mas de modo mais suave, sem grande vigor. A arca ainda não tinha templo. Davi já começa a centralizar o culto, mas sem dar a ele um sentido muito sacrificial, sem fazê-lo tão tributário. Isso era possível para Davi, porque sua corte ainda não era muito grande e suas riquezas costumava 'buscá-las' dos povos vizinhos. Isso se fez impossível para Salomão que possuía uma grande corte, que já não tinha todas as riquezas dos vizinhos e que queria o comércio.

Salomão organiza o tributo interno, em forma de arrecadação de alimentos e de trabalho forçado. Para essa tributação era importante:

Primeiro: o exército. O exército de Salomão quase não fez guerra com os vizinhos. Mas era maior e melhor que o de Davi. O inimigo desse exército era interno, eram os camponeses.

Segundo: a administração. Dividiu seu reino em províncias responsáveis pela comida na corte, no estado. Estas províncias não eram idênticas às tribos, para impedir a rebelião. Boa parte dos governadores era gente da própria corte. Para fazer funcionar esta administração era preciso sabedoria, formação de um grupo de burocratas.

Terceiro: o templo. A construção do templo está em função da tributação em espécies, em alimentos. O templo está dedicado a Javé, que é o Deus do camponês, como em geral os templos tributaristas estão dedicados ao deus dos tributados, porque de outra forma estes (os tributados, os camponeses) não pagariam seus tributos. Na sociedade tributária, a religião hegemônica tende a ser a religião do campo, mas esta é falsificada, no caso de Javé presa no santo dos santos, portanto, desvirtuada. O Deus histórico é transformado, pelo templo, em um Deus fora da história. Não é por acaso que os profetas não aceitam a religião do templo que Jeremias chama de "caverna de salteadores" (7,11). O projeto de Salomão, da cidade, de constituir uma ilha de luxo em meio ao empobrecimento do campo com a força das armas (as melhores e mais modernas: o carro de combate!), manteve-se por um tempo, mas cai por terra, vai à sepultura com seu fundador, por volta de 926 a.C.

Durante o reinado de Davi, as organizações tribais populares marcaram sua presença de modos distintos. Por um lado, temos aqueles pobres que se juntaram a Davi no deserto. Era gente marginalizada em suas famílias e tribos. Junto a Davi reconheceram outro futuro. Seu futuro eram as armas, a serviço do estado. Fizeram-se mercenários. É bem possível que em semelhança a esses pobres, que se integraram ao estado em formação, também as tribos, em especial seus anciãos, viram seu futuro e suas possibilidades em Davi, tanto os de Judá, como os do norte, de Israel. Aderiram a Davi. Comemoramno como seu líder, como seu futuro. Por aí começa o messianismo. Já o temos em Gênesis 49,8-12. O messianismo é uma visão da tribo de Judá, da gente do interior. Por outro lado, os textos de 2 Samuei 6 até 1 Reis 2 nos apresentam muita resistência contra algumas práticas da corte de Davi em Jerusalém. Havia resistências internas na própria corte, gente que ainda mantinha tradições e costumes tribais. É o caso de Natã, o profeta, que se opõe à construção do templo (2 Samuel 7). Este mesmo profeta enfrenta Davi quando este adultera e causa a morte de Urias (2 Samuel 12). É o caso de Mical que critica a dança de Davi diante da arca (2 Samuel 6). Também temos as palavras de Tamar que enfrenta seu meio-irmão Amnom com a afirmação "não se faz isto em Israel" (2 Samuel 13,12). São oposições contra costumes da corte, que têm sua raiz no tribalismo. Também temos resistências já mais políticas e organizadas que vêm das tribos, seja de Judá seja de Israel.

Absalão representa, em sua intenção de derrubar Davi, esta voz das tribos, em especial também as do norte. Por fim é derrotado, mas marca o antagonismo entre a corte real e o tribalismo (2 Samuel 13-19). Este mesmo confronto temos no momento da sucessão: Salomão se organiza desde a cidade, Adonias desde as tribos (1 Reis 1-2). Outra vez ganha a cidade, mas o povo do campo insiste em uma monarquia que seja mais próxima de seus interesses. Sim, é disso que se trata: um rei mais voltado para o campo, não a eliminação da monarquia. As revoltas de Absalão e de Adonias, as posições do profeta Natã são bem mais reformistas, não são anti-monárquicas.

Por fim, a posição de fato revolucionária temos em Seba (2 Samuel 20). Ele não é somente antirrei, é antimonarquia. Por isso sua proposta política é: "cada um às suas tendas, Israel!" (v.1).[6] Isso significa: voltemos à organização tribal, às tendas. No momento esta posição é derrotada, mas, não desaparece. Será a posição dos profetas, tempos depois.

Durante o reinado de Salomão, a opressão era total. Quase não havia possibilidade de uma manifestação tribal popular, a menos que aparecesse nos textos. O caso mais marcante é o atentado de Jeroboão (1 Reis 11,26-28), apoiado pelo profeta Aías, da tradicional sede do tribalismo da arca, Silo. Foi derrotado, mas com ele estão lançadas as bases da rebelião popular logo após a morte de Salomão (1 Reis 12).

Após Saul, Davi e Salomão, as montanhas já não eram as mesmas. Já se conhecia 'a serpente'! O templo também passava a integrar a vida do povo. A memória de Davi ia formulando utopia messiânica. Isso mostra que estas experiências com o estado criaram uma forte resistência, mas também obrigaram a cultura popular a integrar em suas perspectivas os acontecimentos constituídos pela monarquia.

6 Ver: Ardila, 1996.

4. OS DOIS REINOS: JUDÁ E ISRAEL

Com a morte de Salomão, termina o reino unido de Judá e Israel. Isso se passou por volta de 926 a.C. Nessa época, começa a história dos dois reinos: Judá e Israel. Esse período termina: para Israel em 722 a.C., quando Samaria é anexada ao sistema de províncias assírias. Para Judá, em 701 a.C., quando Jerusalém é cercada pelos assírios e quase conquistada. Como se vê, o término desse período tem a ver com o imperialismo, agora já não egípcio, que dominara a Palestina até 1200 a.C., mas mesopotâmico, de onde virão os governantes que irão controlar a região até a invasão ocidental de Alexandre Magno, em 330 a.C. Portanto, o final da história dos dois reinos coincide com os primeiros avanços do imperialismo mesopotâmico, o assírio.

O reino unido de Judá e Israel era produto de uma situação específica: as tribos de Israel não tinham solução própria, para enfrentar os filisteus, porque Saul fracassara. Davi foi a solução. Mas esta solução custou caro às tribos de Israel. Sob Salomão já não tinham como dar por concluída sua integração a Jerusalém. Sua sucessão foi a hora oportuna. As tribos buscaram a negociação com Roboão para pôr a integração sob novas bases. Esta negociação resultou em uma catástrofe. A posição de Roboão foi inflexível. Os de Israel por fim mataram Adorão, o chefe dos trabalhos forçados. Roboão teve que fugir. A união chegara a seu fim. A razão da separação era eminentemente social. Israel já não queria "servir" tanto a Jerusalém, isto é, já não queria pagar tributos tão altos, nem, o que parece ser o principal, submeter-se a trabalhos forçados. A separação é, pois, uma decisão de política interna. Nada parece ter a ver com questões externas. A união surgirá por pressão externa (dos filisteus), a divisão pertence ao âmbito da autonomia do povo da montanha. Ele é o sujeito desta decisão.

Isto é muito importante porque mostra que as forças antiestado continuam fortes no interior das tribos (Dobberahn, 1994).

O Israel de que fala 1 Reis 11—12 não é uma unidade. O espaço é disputado, por dentro, por três forças diferentes:

Primeiro: há os que querem diminuir os tributos e por isso exigem a presença de Roboão em Siquém para negociações. O novo rei de Jerusalém não aceita suas reivindicações. Com isso, este grupo está derrotado. São monarquistas pró-Jerusalém de uma linha moderada.

Segundo: aí a situação é assumida por outro grupo dos que se opõem tanto ao rei de Jerusalém quanto ao reinado como tal. Matam Adorão a pedradas. E lançam sua proposta: "a tuas tendas, Israel!" Ou seja, reorganizemos o tribalismo! Nessa linha já estivera Seba (2 Samuel 20).

Terceiro: voltam a tornar-se hegemônicos os setores que já haviam se "acostumado" à monarquia, os anciãos das tribos, gente da administração do antigo estado de Davi/Salomão, setores do exército, e fazem de Jeroboão o rei do norte. O atual texto de 1 Reis 12,1-2 diz que Jeroboão desde o início estava na assembleia. Porém, o mais provável é que só o chamam depois (12,20!). Jeroboão é feito rei, mas Israel está dividido. Há setores que são anti-monárquicos declarados, gente da proposta das tendas, do tribalismo. Isso vai marcar a história do norte, de Israel.

No sul, assume um filho de Salomão. Continua a dinastia de Davi. Esta vai determinar a vida no sul até 587a.C., até a destruição de Jerusalém pelos babilônios. Mas também depois, em sentido simbólico, Judá sempre se manteve "davídico", viveu das esperanças em um novo Davi. Nessa dinastia nem sempre assumia o filho mais velho do rei anterior. Isso já tivemos em Salomão, que era mais jovem que seu concorrente Adonias. No momento da sucessão, em geral assumia o filho do rei anterior ou, inclusive, outro da casa de Davi que alcançava mais poder político na corte, no estado. A sucessão tendia a ser uma luta pelo poder, entre diferentes grupos, como já vimos na sucessão de Davi. Por isso mesmo, a dinastia mantinha em seu interior algumas possibilidades de luta e de jogo social e político, justamente porque o herdeiro do trono não era automaticamente o primogênito. Creio que este é um dos fatores importantes para que no sul a dinastia se mantivesse por séculos. Ela era, simultaneamente, contínua mas permitia variações do grupo no poder.

O sul era dinástico. O norte/Israel era monárquico, porém não alcançou ser, de fato, dinástico. Algumas dinastias conseguiram firmar-se por mais tempo:

a) a dinastia inaugurada por Omri em 885 vai até 841 a.C.;
b) a dinastia iniciada por Jeú em 841 permanece no poder até 743 a.C.

Aliás, esta foi a única realmente capaz de firmar uma tradição dinástica. Em geral, um rei conseguia passar o poder a seu filho, mas este já caía vítima de alguma conspiração, como aconteceu com Jeroboão I, que foi sucedido por seu filho Nadabe que, por sua vez, foi logo assassinado. Israel não consegue manter uma dinastia no poder. Por quê?

Para entender a diferença de um Judá dinástico e de um Israel mais ou menos golpista, não é suficiente recorrer a interpretações do tipo: é que era esta a vocação do sul, ser tradicionalista e dinástico, enquanto o norte estava destinado a ser carismático, não tradicionalista. As raízes dessa questão são mais profundas (Schwantes, 1989).

Judá é uma sociedade relativamente complexa. Isso já começa em tempos tribais. A tribo de Judá, com seu centro em Belém, se expandiu. Formou uma Grande Judá, provavelmente porque as pessoas que ali viviam percebiam a vantagem de pertencer juntas, de formar um conjunto social mais amplo. A razão para este Grande Judá dos tempos tribais era bastante econômica. É que em Judá havia uma região semidesértica ou até desértica, o deserto de Judá (no oriente), e em contrapartida uma região muito fértil, das mais férteis da montanha, a Sefelá (no ocidente, na subida da montanha).

Na região mais deserta, a produção estava voltada para a ovelha, como podemos ver também nas histórias de Sara e Abraão que ali se passam. O pastor Amós também é desta área. Na Sefelá (portanto, a ocidente) também se pode criar ovelhas, mas a terra é usada primeiro para o cereal e para a produção de frutas. Ora, ovelhas, cereais e frutas se complementam. Uns precisam dos outros. Esta é a raiz econômica da Grande Judá, o acordo, a inter-ajuda entre pastores e agricultores. O centro deste Grande Judá é Hebrom; fica intermediário aos dois. Aí se fazia a troca. Era algo como o mercado. Davi agrega a este Grande Judá a cidade de Jerusalém. Está próxima da rota em direção ao norte. Em Miqueias 1,9, é chamada de "a porta de meu povo". Desde aí se fazia comércio, exportando e importando. Neste sentido Judá necessita desta "porta", desta Jerusalém. E, por sua vez, Jerusalém não existe sem Judá. Portanto, Judá/Jerusalém é, no sul, uma sociedade de alianças, de acordos: entre a cidade, o deserto e a Sefelá. Esta sociedade dependia do funcionamento deste acordo. Sem ele nenhuma das partes sobreviveria.

Houve momentos de ruptura. Por exemplo, no reinado de Atalia, uma rainha não-davídica, foi rompido o acordo. O profeta Miqueias (3,12) condena Jerusalém. Mas estes momentos de ruptura logo foram superados. A Miqueias 3,12 (anti-Jerusalém) segue 4,1-5 (um texto bem favorável a Jerusalém). E Atalia logo foi deposta pelo clero da capital, com a ajuda de "o povo da terra", de quem em seguida ainda falaremos. Esta dualidade de sociedade do sul se expressa também na religião. A religião típica de Judá é a esperança messiânico-davídica. Davi é o símbolo maior do interior, da Sefelá e do deserto. Também está em Jerusalém. Mas esta tem sua expressão teológica maior em Sião, a morada de Javé. As duas teologias não se excluem, se complementam, como em nível econômico se complementam Judá (pastoreio e campesinato) e Jerusalém (comércio).

O norte é bastante diferente. Mas é mais difícil dizer exatamente como é sua estrutura socioeconômica. Também poderia ter sido uma sociedade com dois pilares: um em Jezreel (planície tão importante na época cananeia), outro na montanha (Siquém, Samaria). Por algum tempo esta dualidade inclusive existiu, quando a casa de Omri, com Acabe, tinha como uma espécie de segunda capital a Jezreel, no vale de mesmo nome. Mas não parece que isso durou. A impressão que temos é que Jezreel, no geral, esteve excluída do poder. Este se decidia na montanha, concretamente em Tirza, Siquém ou Samaria, cidades próximas umas das outras. No norte, a sociedade se definia na Montanha da Samaria (a Montanha da Galileia já era periferia, portanto, secundária).

Essa Montanha de Samaria é bastante homogênea. Nela não há duas regiões distintas como no sul (o deserto e a Sefelá). Em geral pode-se dizer que em todo lugar se pode plantar e criar as mesmas coisas: cereais e ovelhas. Logo, no norte, uma região não necessita da outra; cada área é suficiente por si mesma. Creio que é isso que caracteriza o norte, em termos de produção. Não há interdependência. Há suficiência de cada área, possivelmente de cada região tribal. As tribos eram suficientes cada uma em si mesma como para cobrir as necessidades de troca. A sociedade já não precisa tanto de um poder que organize e favoreça a troca, que crie uma unidade política e econômica acima de família/tribo. Por isso, os templos eram vários: Betel, Siquém, Gilgal, Silo, Samaria, Dã. Não houve nem o intento de uma centralização do culto como a que Josias "decretou" em 622 a.C., no sul, que contudo ali já existia desde a fundação do templo em Sião. Também as capitais mudaram: Siquém, Tirza, Jezreel e, ao final, criada desde o nada, Samaria. O mesmo vale para a monarquia. Desde o começo havia os que eram contra ela (1 Reis 12,16: "a tuas tendas, Israel!"). E os que puderam formar um estado não conseguiram unir-se em torno de um projeto, de um acordo, de uma só dinastia. Os grupos se combatiam. Os golpes se sucediam. Ao final, não houve nem mesmo um nome que identificasse bem o estado do norte. Seria Israel. Sim, mas esta palavra também era usada para o sul como designação teológica (Miqueias 3,1 por exemplo). Também se fala de Efraim quando alguém se refere ao norte. Mas Efraim só é uma tribo. Um documento assírio fala do norte através do nome de sua dinastia do momento: "casa de Omri". Portanto, a diversidade é grande; a economia descentralizada é a origem disso.

Mas, ao final, houve rei, houve estado. Logo havia grupos que o necessitavam para proteger-se e defender-se do próprio povo (os pobres) e de invasores. Aí pelo norte, inclusive começam a formar-se os primeiros experimentos monárquicos: Abimeleque, Jefté, Saul! No norte a monarquia é até anterior à do sul! Os setores que necessitavam do rei eram os donos do gado (como em Saul)! Não é por acaso que o símbolo religioso do norte era justamente o touro! Também o comércio das cidades precisava do estado e de seu exército protetor. Samaria é construída numa das passagens possíveis sobre a montanha no sentido este-leste, além de estar na rota norte-sul. Siquém e Tirza também exercem esta função. Havia, pois, a necessidade do estado de parte de uma elite de produtores de gado e do comércio. A estes o que mais interessava com certeza era o exército, mais que a dinastia. Isso talvez explique, porque o trono do norte, em geral, não era outra coisa senão "a cadeira" do general comandante. A maioria dos reis do norte foram generais. Esta sociedade em que uns com dificuldades fazem um estado e outros tratam de insistir nas tribos, também teologicamente está muito dividida. Por um lado temos profetas, radicais, tribais. De outro, temos idolatria, mais ou menos "pura", um bezerro de ouro. Parece que as elites não puderam recorrer muito à religião popular para fazer representar seus interesses, porque esta era muito militante, muito do êxodo e da profecia. Assim, os do poder acabaram por ter que recorrer a baalins e antigos cananeinismos para representar suas visões exploradoras. Foram presa fácil da profecia que em Elias, Eliseu, Oseias atacou de frente o estado e seus baalins/deuses.

Aos dois estados não cabia um papel muito importante no contexto da Siro-Palestina. Judá e Israel eram muito insignificantes, sem grande capacidade comercial e nem com grande poder de expansão, ao menos até a primeira metade do 8º século, ao que, entretanto, voltamos. Em alguns momentos, estes estados se combateram, porque, afinal, a rota do centro da Palestina (na altura de Jerusalém) perfazia seus interesses antagônicos. Baasa, o terceiro rei do norte/Israel, tentou fortificar Ramá logo ao norte de Jerusalém como fortaleza de Israel. Por fim, Judá pode retomar Ramá (1 Reis 15,1622). Aconteceram outras lutas semelhantes, com supremacia de Israel. Em outros momentos houve alianças entre as duas casas monárquicas. Judá e Israel foram aliados contra os sírios (Damasco). Houve até matrimônios entre as duas cortes. Neste contexto, Atalia, da corte do norte, conseguiu fazer-se rainha em Judá. Não parece que as relações entre Judá e Israel eram muito especiais. Seguiam o ritmo do interesse que costumam estar na base da política de monarquias.

Sob o governo de Davi e, em especial, sob o de Salomão, era bem difícil resistir e rebelar-se. Mas o povo, como vimos, soube fazer-se presente em sua inconformidade diante das atitudes da corte e de sua exploração. No período dos dois reinos, a resistência popular cresceu a ponto de fazer aparecer seus resultados mais desenvolvidos: os profetas do 8º século.

A própria divisão do Grande Israel de Davi e Salomão em dois estados já é obra do tribalismo do norte, que não queria continuar submetendo-se a Jerusalém. Conseguiram partir o poder (veja Aías de Silo, 1Reis 11,26-40). Bem, é claro que não puderam acabar de todo com os reis, mas ao menos os "domesticaram" um pouco, diminuindo sua gana de tributo. A quantidade de golpes de estado no norte tem participação popular, às vezes mais direta, como no caso da rebelião de Jeú (2 Reis 9-10) ou no caso da aldeia de Tifsa, que não se rendeu a Menaém (2Reis 15,16), outras vezes indireta por pressão contra os reis. O fato de nenhuma dinastia conseguir estabelecer-se resulta na não aceitação, em princípio, da monarquia por parte de alguns setores sociais nortistas.

A profecia é a expressão maior da força do povo, do tribalismo. São muitos os profetas do período: Aías de Silo, Semaías (de Judá), Jeú (profeta), Miqueias (do norte), e principalmente os dois maiores: Elias e Eliseu. A estes profetas são dedicados vários capítulos: as histórias de Elias e Eliseu começam em 1 Reis 17 e vão até 2 Reis 8! Aí o texto está mais interessado em profetas que em reis! Desde a prática das aldeias e do tribalismo estes profetas:

- acusam a monarquia de injustiças porque provoca a morte de lavradores como Nabote (1 Reis 21);
- condenam os reis por serem idólatras (1 Reis 14; 1 Reis 19);
- organizam e apóiam o povo a partir de suas necessidades específicas e aparentemente pequenas, como se vê em Elias e, em especial, em Eliseu.[1]

Os profetas não só acusam as elites das cidades, mas também, em meio ao povo, vão ajudando a fazer aparecer melhor o projeto tribal.

A maioria destes profetas é do norte. É parte do grande movimento israelita de oposição ao reinado. No sul, nestes tempos, quase não há profecia (menciona-se Semaías, 1Reis 12,21-24). No sul começa a aparecer outro tipo de organização ou grupo social e político que, mais tarde, se tornará mais e mais importante em Judá: trata-se de "o povo da terra". É citado pela primeira vez no derrubamento de Atalia (2Reis 11). O golpe é efetivado pelos sacerdotes, vigias e "o povo da terra" (v.18). Entre a monarquia de Davi, no caso Joás, e este "povo da terra" há uma aliança. São os camponeses de Judá, tanto os mais pobres quanto, em geral, os mais ricos. As pessoas do interior são aqui "o povo da terra".

1 A respeito de Elias e Eliseu, ver: Mesters, 1987; Pereira, 2022; 2004.

Elas, junto com os sacerdotes da capital, em aliança, mantêm a dinastia de Davi que, no caso de Atalia, justamente havia sido interrompida pelas elites da capital. Portanto, "o povo da terra" é davidista e se interessa em ter no trono um dos davididas que esteja voltado para os interesses do interior, de Judá. Este "povo da terra" passará a ser decisivo na história de Judá. É o que entroniza Ozias (2 Reis 14,21). Deste âmbito também vem Jotão (2 Reis 15,5). O mais famoso rei feito pelo "povo da terra" foi Josias, em 640 a.C. (2 Reis 21,24). Este "povo da terra" era mantenedor da dinastia, em especial aqueles davididas, que interessavam ao camponês.

De fato, a época dos dois reinos vai até 722 a.C. (no norte) e 701 a.C. (no sul). Em meio a esta trajetória, ergue-se no antigo oriente, novo império. Desde 1200 a.C. já não havia império para amedrontar o povo da área siro-palestina. A partir de 740 a.C., novos senhores anunciam sua presença desde a Mesopotâmia. Esta vinda de um império, contudo não aconteceu assim, repentinamente. Já na primeira metade do 8º século anunciava-se que algo novo estava por ocorrer. Os profetas já o pressentiam desde Amós, desde 760 a.C.

5. REIS E IMPÉRIO: PROFETAS E POBRES

Os dois estados, Judá e Israel, ainda estavam em pleno desenvolvimento, quando uma nova realidade surgiu na Palestina: um novo império conquistador, agora já não vindo do sul, do Egito, como ocorria até 1200 a.C., mas do norte, a partir da Mesopotâmia. Tiglate-Pileser III (745-727 a.C.) é o general que desenvolve a ofensiva imperialista assíria em direção ao ocidente (Garmus, 1989). A Palestina ingressa na era da dominação assíria por volta de 740 a.C., quando já era obrigada a pagar impostos aos novos donos do mundo. A conquista assíria destrói até o fim Israel/norte, deporta grande parte de sua população e importa pessoas de outras partes, transformando Israel em uma parte de seu sistema provincial (em 732 e 722 a.C.). O sul também é duramente afetado, em especial entre 705 e 701 a.C. A invasão assíria dessa época conquista e destrói todo Judá (46 cidades!), deporta parte da população e quase toma Jerusalém, em 701 a.C. A conquista da capital não se efetiva e assim Judá não tem, neste momento, o mesmo destino do Israel/norte. O alvo maior assírio era o Egito. É dominado em 671 a.C., formando-se assim um vasto império. Logo após a conquista do Egito começa a decadência dos assírios. Já por volta de 640 a.C. não têm mais o total controle de Judá. E, em 612, a última capital assíria é conquistada, terminando assim um dos impérios mais brutais e destruidores. A bota assíria, "a que pisa com estrondo" (Isaías 9,4), punha medo em todos.

Algumas razões nos ajudam a entender porque os assírios conseguiram sobrepor seus exércitos aos demais povos. Por sua própria capacidade de produção agrícola, a Mesopotâmia, agora, estava em condições, assim como o Egito do segundo milênio, a fazer-se forte no mundo. Junta-se a isso o fato de que ingressamos neste período em nova etapa do uso do ferro, agora mais refinado, mais laminado. As ferramentas de trabalho e de produção agrícola podiam ser mais eficientes, as armas mais duras e cortantes, as couraças dos soldados mais leves e, portanto, mais eficazes para sua proteção. Os assírios se adaptaram rapidamente a estas novas possibilidades do uso do ferro. A isso agregaram uma capacidade organizativa muito marcante. Isso se vê em seu sistema de províncias, pelo qual buscavam perpetuar a exploração do povo vencido, e percebe-se em especial na organização de seu exército, composto de infantaria que marchava "com estrondo" (como diz Isaías 9,4) por todo o antigo oriente. Os assírios inauguram toda uma tradição de opressão que, a partir de 745/40 a.C., vai dominar a Palestina desde a Mesopotâmia. Depois da Assíria vêm os babilônios e logo os persas (até 330 a.C.). Cada um destes impérios teve suas formas particulares de dominar, uns mais cruéis outros aparentemente mais suaves, mas todos matando, roubando, saqueando, cobrando impostos.

A dominação assíria, com certeza, já é mais 'moderna' que a egípcia, no segundo milênio. A egípcia não conseguira, lá nos começos da história de Israel, impor sua própria administração ao povo dominado, aos cananeus de então. Tinha que fazer suas alianças com os reis das cidades-estado cananeias. Além disso, o exército egípcio não era capaz de tornar-se tão presente na Palestina, ocupando-a diretamente. Antes dependia de suas anuais expedições de saque. Já os assírios são mais adiantados: eles organizam a dominação em um sistema bem mais articulado de províncias, o que depois os persas vão aperfeiçoar bastante. E os assírios também têm uma maior capacidade militar, fazendo-se bem mais presente entre o povo que dominam, possivelmente porque o principal setor de seu exército era a infantaria, quando entre os egípcios era o carro de combate. Os assírios já representam, pois, um aperfeiçoamento da capacidade opressiva. Mas também têm sua 'ineficácia'. É que seu sistema de províncias não funciona muito bem; é antes um modo de ser do exército do que da administração (essa somente na era persa vai tornar-se dona da burocracia). Contudo, o problema principal que os assírios não conseguiram solucionar é que sua dominação baseava-se no saque, no roubo sistemático e cruel de suas vítimas. As memórias dos generais assírios são um 'mar de sangue', porque enumeram e detalham os massacres feitos por seus exércitos vencedores. Mas, quem mata dessa maneira, acaba liquidando seu próprio futuro. Pois, povo massacrado já não é explorável. Foi o caso dos assírios. Na medida em que avançam e conquistam novos mundos e povos, e vão 'bem', têm o que saquear. Já quando chegaram ao limite de seus avanços, chegam ao limite de seu tempo de dominação. Por isso, o auge do poder assírio: a conquista do Egito é, por sua vez, o começo de seu rápido declínio! Ao chegar ao fim de sua marcha triunfal, já não restava quase nada por onde haviam passado!

Para as pessoas do povo era duro viver por onde passavam exércitos assírios. Mas onde não conseguiam chegar, as coisas também não mudavam tanto. Explico: o imperialismo assírio situa-se dentro do tributarismo. As condições gerais de vida não foram mudadas. Os camponeses continuavam a viver em suas tradições, em suas terras, em seus costumes tribais. O império e, mais do que ele, os reis locais, exigiam o tributo. Mas não havia aumento de escravos. Neste sentido, também dentro de um sistema imperialista como o assírio, a força de resistência eram as realidades tribais do campesinato. A profecia é expressão deste mundo camponês. Este período em que Israel e Judá foram incorporados à dominação mesopotâmico-assíria e que em seus momentos mais fortes vai de 740 até 640 a.C. pode ser dividido em três etapas: a primeira como que antecede o começo da vinda propriamente dita, e corresponde à primeira metade do 8º século (800 até 750/740 a.C.). A segunda se refere ao estabelecimento assírio na Palestina, começando em 740 e indo até o cerco a Jerusalém em 701 a.C. E a terceira, da qual sabemos muito pouco, seria a primeira metade do 7º século (700 até 640 a.C.).

É importante dar atenção ao que antecede à chegada dos assírios, à primeira metade do 8º século. Ajuda a entender uma série de questões. Desde o começo observa-se que, naquelas décadas, há estabilidade política em Israel e em Judá. A maior parte do período é ocupada no norte por Jeroboão II (783-743 a.C.), e no sul por Ozias (781-740 a.C.) junto com Jotão (740-736 a.C.), que em alguma época também foi co-regente, já que Ozias estava doente de lepra. Junto a esta estabilidade havia também um expansionismo bem marcado no norte e no sul. Israel expandiu-se até Damasco, e de lá chegava ao Mar Morto. O sul recuperou o Golfo de Eilate. Juntos, Judá e Israel tinham quase a extensão do reino de Davi/Salomão.

Sabemos que países da área da Síria e até mais ao norte (Ásia Menor) passavam por um processo semelhante de muita expansão territorial. Por isso, essa primeira metade do 8º século é caracterizada por um expansionismo crescente dos estados da região (o que lemos em Amós 1—2), sem que algum deles chegue a formar um poder muito forte. Estamos, pois, numa época em que os exércitos tinham posição forte. De sua iniciativa vive o conjunto; há bastante militarização da sociedade (isso será importante para entender os profetas, por exemplo Isaías e seu 'pacifismo'). Este expansionismo também significa que ali, na base da sociedade, nas tribos e famílias já se começava a produzir mais, a utilizar os novos instrumentos que a evolução do ferro propiciava. Há mais excedentes que favorecem o crescimento dos exércitos, que 'procuram' novas rotas e novos territórios para os produtos e o comércio. É certo que não só havia mais excedente por ter mais produto, mas também porque se explorava mais. O povo era ainda mais pobre, como mostram os profetas do século, a exemplo de Amós que, em 760 a.C., é anterior à expansão assíria. Os assírios, entretanto, eram pouco ativos, quando Amós falou. A raiz da pobreza do povo não estava na Assíria mas no estado nacional expansionista, ao qual os profetas, consequentemente, se dirigem. O problema dos empobrecidos são, então ainda, as elites nacionais. É a essa que o profeta denuncia e ameaça.

Depois de tomar Judá, os assírios continuaram com suas conquistas. Seu alvo era o Egito. Alcançaram-no em 671 a.C.; assim o império chega, rapidamente, à sua expansão máxima, no caso também a seu limite. Em 640, os assírios já estavam sem forças para manter a Palestina sob seu controle. Nessa primeira metade do 7º século, houve um rei em Jerusalém completamente submetido aos interesses assírios. No interior, o representante do império tinha o nome de Manassés (687-642a.C.). Dele se diz que: "derramou muitíssimo sangue inocente, até que encheu Jerusalém de um a outro extremo" (2 Reis 21,16). Executou contra o povo a política de opressão em favor dos donos do mundo. Houve resistência. De outro modo não teria havido tanto "sangue inocente". Mas Manassés/assírios se mantiveram. Cremos que o movimento deuteronômico é fruto dessa resistência. Levará ao grande movimento da reforma de Josias. Resistência é o ambiente do Deuteronômio! A profecia desse século expressa a resistência do povo contra o mundo monárquico e imperialista. Antes de tudo, convém lembrar que estamos em tempos de afirmação de forças populares tribais no interior de Judá e Israel. O auge imperialista tem seu contraponto no auge do movimento de afirmação tribal, de proposta de manutenção do popular. Em nível de política do estado, as forças do campo conseguiram expressões significativas. Por exemplo, no sul, Joás (835796 a.C.) já se tornara rei com o apoio de "o povo da terra", do campo. Os de Jerusalém não o suportaram e, por fim, o mataram (2 Reis 12,21-22). Mas, o campo pode reafirmar-se através do filho de Joás, Amasias (796-781 a.C.), que também foi assassinado por pessoas da capital (2 Reis 14,19-20). Novamente "o povo de Judá", ou seja, "o povo da terra", se impõe através de Ozias (781-740 a.C.) e de Jotão (740-736 a.C.) (2 Reis 14,21 e 15,5). Portanto, durante cem anos "o povo da terra" conseguiu contribuir de modo decisivo na política do sul.

A profecia é parte desse movimento social com força no interior tribal, mais radical que "o povo da terra" (veja Jeremias 1,14).

Também ao norte temos este fenômeno. A tirania de Jeroboão II (783743 a.C.) e de seu filho Zacarias, que só permanece seis meses no poder, foi derrubada por Salum (743), que só pôde manter-se um mês no palácio, contudo, parece ter recebido o apoio das aldeias (2 Reis 15,16!). Do mesmo modo, os dois últimos reis do norte tiveram algum apoio popular justamente porque se opunham aos assírios: Pecaías (737-732 a.C.) e Oseias (732-724 a.C.). Não é, pois, só na profecia que a força do povo se faz presente, também nas lutas pelo poder no estado. Esta profecia vê a realidade a partir das pessoas que sofrem. Ao denunciar este sofrimento, dirige-se às elites nacionais e às suas instituições. Não se dirige primeiramente ao império, que no caso de Amós (760!) ainda nem se formara. A profecia se volta, antes de tudo, contra a dominação na nação. Neste sentido, não é, prioritariamente, anti-imperialista, como o será a apocalíptica. Esta tem seu horizonte no império. A profecia já se referia ao império, mas não o privilegia em sua ótica. É importante compreender esta diferença entre profetas e apocalípticos.

São quatro os profetas do 8º século. Seu contexto varia em parte. Sua mensagem é diversificada. Mas todos têm, nos setores pauperizados pelo expansionismo do século, sua referência concreta. São vozes dos empobrecidos.

Amós é o primeiro. Atuou por volta de 760 a.C., no norte. Através dele somos levados à situação e às lutas dos "pobres", dos empobrecidos. O próprio Amós era um deles: era um trabalhador temporário que simultaneamente era pastor, vaqueiro e cultivador de sicômoros. Fala desde a perspectiva destes "pobres". Três termos hebraicos principais se referem a eles: *'ni*, *'ebyon*, *dal*. Referem-se às mesmas pessoas, com palavras diferentes. Estes "pobres" são, socialmente, os camponeses empobrecidos que já não são totalmente livres, mas que ainda não foram feitos escravos. Têm suas terras mas, de tão pobres e frágeis que se tornaram, estão quase expulsos delas. Através de Amós conhecemos melhor a vida sofrida deste setor social, ao qual Amós é "hermeneuta", intérprete e porta-voz. Desde aí, formula sua mensagem que havia recebido de Javé justo, do Deus que antes de tudo quer, como nos clãs e nas tribos, a justiça e o direito, isto é, no concreto, a vida da gente empobrecida. Sua mensagem profética é basicamente de ameaça às elites. Em Amós 1-2, a ameaça é centrada contra o exército (2,14-16). Nos caps.3-4, enfrenta Samaria, a cidade-capital que será abatida e saqueada (3,11). As visões de Amós 7—9 se voltam contra o próprio templo que Javé destrói totalmente (9,1-4). Suas ameaças contra capital, exército e templo têm seu ponto alto na ameaça ao rei Jeroboão II que morrerá à espada (7,11). Neste momento, o profeta é expulso do país, depois de uns dois anos de atividade profética.[1]

Miqueias nos fala a partir de uma situação semelhante a Amós. Ele é da Sefelá judaíta, de uma de suas aldeias. Amós não, ele vem do setor do pastoreio, de Técoa. Mas os dois proclamam sua fala profética a partir da situação sofrida e explorada dos camponeses. Miqueias é de uma geração posterior a de Amós, inclusive posterior a de Isaías (também do sul) e de Oseias. Podemos situá-lo entre 725 e 701 a.C. Miqueias nos mostra em suas palavras a vida explorada do camponês da Sefelá, desta subida de serra em direção às montanhas judaítas. É expulso de suas terras por gente que tem o "poder em suas mãos" (2,1) ou seja, por pessoas do exército que tinham suas guarnições na região. As pessoas que Miqueias defende são as exploradas de modo radical, até os ossos (3,1-4) e forçadas a trabalhar para Jerusalém, uma cidade feita com o sangue do camponês (3,10). A este campesinato, Miqueias não chama de "pobre", mas sim de "meu povo" (3,3). Este "meu povo" é exatamente o "pobre" para Amós, é o camponês empobrecido quase já escravo. É interessante Miqueias recorrer a esta expressão "meu povo", o que mostra que nesta região da Sefelá os sentimentos e organizações tribais devem ser muito fortes, pois a palavra "povo" expressa a experiência de solidariedade tribal e clânica.

1 Ver: Schwantes, 2025a.

Da mesma região vem a expressão "o povo da terra". "Meu povo" é um setor, são os pobres deste "povo da terra". Miqueias ameaça antes de tudo Jerusalém e Sião, o templo. Serão um "monte de ruínas" (3,12) ou seja, Miqueias rompe desde os pobres, desde "meu povo", com a vida de aliança e pacto típica de Judá. Isso não ocorre muitas vezes na história de Judá e representa uma posição profundamente radical e revolucionária.[2]

Voltemos ao norte, próximos a Amós. Poucos anos depois dele começa Oseias, que atua de 755 até 721 a.C. Entre os "clássicos", é o único profeta do norte, pois Amós, ainda que atuasse em Israel/norte, era originário do sul. Oseias está na tradição de outros profetas do norte, como Elias e Eliseu. Ele sintetiza e leva a seu ponto alto a profecia de Israel/norte. Situado no mundo do campo, nele está presente a resistência de séculos do campesinato do norte contra os reis. Nele reaparece Sebá (2 Samuel 20), renasce Aías (1 Reis 11 e 14), nele se completam Elias e Eliseu. Podemos colocar Oseias entre os levitas, porque em suas palavras aparece um conhecimento das tradições históricas e, inclusive, do sacerdócio que nos permite situá-lo entre os que ajudam o povo na qualidade de sacerdotes populares, de levitas, ensinando à gente as tradições históricas antigas, ajudando a rezar, orientando as pessoas nas questões concretas.

Este tipo de levitismo, em que Oseias se situa, é um 'sacerdócio' sem templo e sem sacrifício. Seu 'templo' é a vida do povo. Oseias também nos mostra através de suas palavras como o povo é explorado, semelhante a Amós. Com relação à denúncia social, ele também não é muito diferente de Amós. Oseias denuncia, em especial, as violências contra o povo: "sangue sucede a sangue" (4,2). Mas o específico de Oseias não está na denúncia social e, sim, na sua visão sociorreligiosa da situação. Usa o termo "prostituição" para qualificar a situação do povo. É "prostituído" pela religião, por sacerdotes e ritos de fertilidade. "Prostituição"

2 Ver: Zabatiero, 2025; Hahn, 2002.

é justamente isto: dominação do povo por ritos religiosos em que se diz ao povo que o produto do campo e até as pessoas de sucesso pertencem a baal, o deus da chuva, da fertilidade. Se pertencem a baal, pertencem aos sacerdotes e ao estado que se especializou em dar culto a baal (em Samaria havia um templo a baal!). "Prostituição" é o modo que facilitou a exploração do povo camponês, de seus produtos (alimentos e pessoas) através de gestos simbólicos, religiosos. Isto afetava antes de tudo as mulheres. Elas eram prostituídas, isto é, simbólica e efetivamente forçadas a entregar mais produtos às festas e a procriar mais em favor do exército e do estado.[3] Portanto, Oseias nos apresenta a situação da mulher camponesa, de mulheres como Gômer. A culpa por esta deformação adúltera é, antes de tudo, do rei, do sacerdócio, do templo. Oseias é radicalmente anti-monárquico. Anuncia o "fim do reinado" (1,4), não só do rei, e proclama que Javé não quer sacrifícios, templos, porém "solidariedade"/*hesed* (6,6).

Isaías é o primeiro grande profeta do sul, de Judá, de 740 até 701 a.C. Inaugurou toda uma tradição de profecias que são expressas no livro de Isaías, uma obra de séculos, de gerações de profetas. Neste grande livro, o profeta Isaías do 8º século contribui com profecias, principalmente, no começo, nos caps.1-39. É bem seguro que Isaías é de Jerusalém. Provavelmente, vem dos setores da corte da capital, onde teria sido como que um professor, um sábio, enfim, um funcionário. Conhece a corte por dentro. Sabe de suas tradições. Como filho de Jerusalém, está por dentro das tradições sagradas desta cidade. Estas são duas: Sião e Davi (a promessa à dinastia de Davi). No início, Isaías se situa dentro destas tradições. É feito profeta dentro do próprio templo (cap.

3 Na verdade, não há acordo quanto à interpretação de um termo hebraico em Oseias: *znh* pode ser entendido como "prostituir" ou "ser autônomo", em Oseias. (Veja a respeito Mercedes de Budallés Diez, Raab-mulher da vida – Uma proposta de leitura feminista da mulher zonah no Antigo Testamento a partir da história de Raab (Josué 2), São Bernardo do Campo, Universidade Metodista de São Paulo, 2002, 181p. (dissertação de mestrado).

6). Mas, passo a passo vai se opondo à corte, ao sacerdócio. E é marginalizado.

Um de seus pontos principais de conflito com os reis, no caso com o rei Acaz, está na questão militar (cap. 7). Isaías contrapõe a profecia às armas. O rei só pode confiar em um dos dois: "se não crês, não permaneces" (7,9). E, nesse caso, "crer" é confiar na palavra do profeta: os inimigos já estão mortos, logo não é possível continuar a armar-se, a 'crer' nos militares. Esta questão cria a ruptura entre Isaías e o rei/corte, entre Isaías e a tradição de Davi. O profeta passa a fazer uma releitura profunda desta tradição, dizendo por fim que o novo Davi é uma criança, sem armas, sem cara de rei, porém, com força de rei! Este novo Davi sairá "do tronco de Jessé" como um "renovo" (11,1), o que significa que Isaías chega quase que a desistir da profecia de Natã (2 Samuel 7).

Outra questão central em Jerusalém é o templo, no qual Isaías foi feito profeta. E quanto a este templo sua posição é clara e radical: ele não é para sacrifícios (1,10-17). É, isto sim, lugar da lei (1,17; 2,1-4), da lei em defesa dos pobres. E, todavia, tão ou até mais importante do que isto, o templo é o "refúgio dos pobres do povo" (14,32). Os sacerdotes do sacrifício e o poder central em Jerusalém não ficaram satisfeitos com essa visão de Isaías. O profeta foi marginalizado. Temos então em Isaías, uma ressignificação profunda das tradições centrais da capital de Judá: Davi e Sião. A elas, Isaías re-interpreta. Delas faz uma releitura teológico-mística, a partir da perspectiva das crianças, dos fracos, dos pobres. A base social para esta *re-leitura* por certo foram as crianças e as viúvas de Jerusalém. Isaías fala muito delas (8,18! 10,1-2). Esta era a pobreza típica desta cidade (já não do campo, onde órfãos e viúvas eram integrados em suas famílias de origem). São os filhos e as mulheres dos soldados mortos nas guerras. Isto também explica porque Isaías é tão marcadamente anti-militar. Ser, pois, pelos órfãos em Jerusalém, é ser crítico aos generais.

A profecia é, antes de tudo, palavra de Deus. É Javé que cria a profecia. Os profetas sempre se entenderam como "mensageiros", como hermeneutas da presença de Deus em seu povo. Este Deus os fez analisar a situação e ameaçar os poderosos em Judá e Israel. Esta centralidade que a palavra de Deus tem na profecia não a torna 'mágica', como se as análises e as ameaças de algum modo miraculoso cairiam do céu. Não! Cada profeta teve que esforçar-se junto a suas comunidades e ao povo dos pobres para entender a realidade. E, de fato, cada profeta a entende de um modo peculiar, um pouco diferente, porque ele é pessoa histórica. Não é marionete de Deus. Desse modo, também a ameaça contra os poderosos não vai se realizar assim, vinda 'fantasticamente' do céu. Irá concretizar-se também historicamente. Amós, por exemplo, disse que Jeroboão, o rei, iria morrer "por espada" (7,11). Bem, uma tal espada não costuma cair do céu, mas vem de atitudes revolucionárias, de rebeliões camponesas. Não digo que esta "espada" seja hoje a solução, no caso iria mais pelos caminhos não-violentos de Isaías e de Jesus, mas importa ver que de todo modo, o fim da opressão é também uma tarefa histórica que vamos criar em meio à organização do povo. A profecia é, pois, uma religião histórica; nada tem a ver com o mítico, fantástico, como se tivéssemos que ficar tranquilos e calados até que, miticamente, ocorresse a libertação. Há que fazê-la também, porque o fazer é parte da palavra de Javé.

No período da cruel repressão de Manassés "não houve" profetas ou seja, houve (porque muito sangue inocente foi derramado), mas suas palavras não chegaram até nós. Suas memórias estão nos cárceres da repressão. Ainda assim, temos a memória escrita de um outro movimento que, justamente, teve seu momento forte, quando os profetas não puderam manifestar-se. Refiro-me ao movimento deuteronômico. Não temos notícias muito específicas sobre ele, mas a pesquisa histórica torna cada vez mais provável que sua emergência está na primeira metade do 7º século, no reinado de Manassés.

Judá ainda estava mais ou menos ocupada pelos assírios. Manassés, em especial no começo de seu governo, tem que restringir-se mais ou menos a Jerusalém. Do norte vieram alguns ou até muitos migrantes e fugitivos ao sul, depois da ruína de Israel. Trouxeram junto suas tradições, em especial o êxodo e o profeta Oseias. Passaram a ter mais e mais influência sobre o sul. Vieram também os levitas, típicos do norte, os intérpretes das tradições. Viram que, no sul, opressão e idolatria não eram muito diferentes do que no norte. A partir de suas experiências do norte, passaram a atualizar, agora no sul, suas tradições. Fizeram-no, em especial, de modo 'catequético' atualizando as leis do povo, os dez mandamentos e o código da aliança (de Êxodo 20—23). Isso resultou no Deuteronômio, principalmente nos capítulos mais antigos (cap.12—26). Este Deuteronômio-original é encontrado em 622 a.C. nas reformas do templo e é o ponto de partida da grande e comovente reforma de Josias. Há dois acentos principais no deuteronomismo. Um se dirige para dentro, outro para fora. Para dentro afirma: a unidade do povo, a da prática religiosa e a unicidade de Javé. Há um só povo, um só lugar de prática religiosa (que para o levitismo do norte há de ter sido Siquém), e um só Deus libertador, Javé. Para fora, é preciso separar-se dos 'cananeus' para sobreviver. Estes 'cananeus' no 7º século já não são, de fato, os antigos cananeus dos tempos da 'conquista', mas sim os assírios (que ocupam a terra: todo o norte, e em parte o sul).

6. REFORMA E RUÍNA

Ao terminar a dominação assíria na Palestina, não houve de imediato a sucessão de outro poder imperial. Este esteve durante alguns anos em disputa entre o Egito, a Babilônia e a própria Assíria que agonizava. Isso permitiu o surgimento de um movimento político muito especial, na Palestina, com Josias, a partir de 640 a.C. Aí começa um breve período de autonomia nacional para Judá, que contudo está sob a ameaça do império que virá. Por isso o incorpora ao tempo da dominação babilônica, que marcará a vida de Judá até 539 a.C., quando da integração da Babilônia ao império persa. Estes cem anos de história [de 640 a.C. (a entronização de Josias) até 539 a.C. (a rendição da Babilônia aos persas)] podem ser divididos em três momentos: a época de Josias (640-609) e de seu filho Jeoacaz (609) que somente governou por três meses; a crescente dominação babilônica sobre Jerusalém (609/605-587); e os anos da desurbanização de Judá e do exílio (597/587-539).

O reinado de Josias (640-609 a.C.) é de grande importância para Judá, não por último para a superação do exílio de 597-587 a.C. É o último respiro de autonomia e autodeterminação antes da catástrofe do exílio. Nos tempos de Manassés, havia se constituído um novo grupo de resistência, o do deuteronomismo levítico no interior, no campo. Nas aldeias se mantinha a esperança por novos tempos, sem assírios/"cananeus" e sem um rei opressor como Manassés. No momento oportuno, este novo sujeito forjado em meio à repressão se lança na história. É a revolução de 640 a.C.

Manassés passara o poder a seu filho Amnon, que pôde manter-se por dois anos. Logo, foi assassinado por seus "servos", seus ministros. Neste momento oportuno, "o povo da terra" toma a situação em suas mãos. Impõe Josias com oito anos (2 Reis 21,24). A hegemonia no estado passa para as mãos deste "povo da terra", o campesinato de Judá. O país se torna autônomo. Reconstitui-se o exército popular. Reafirma-se o tribal. Passam-se dezoito anos, até 622, quando se dá a reforma de Josias. Este é, a meu ver, um novo pacto entre Jerusalém, que fora duramente derrotada em 640 a.C., e os camponeses. É uma espécie de pacto nacional, no qual campo e cidade são reconhecidos em seus novos papéis e direitos. Este acontecimento está embasado, de acordo com 2 Reis 22—23, num livro, provavelmente Deuteronômio 12—26, encontrado no templo, lido aí, e pelo rei e seus ministros. Este livro comoveu todos a tal ponto que passa a servir de base para uma reforma. É interessante que ela tenha como ponto de partida, o templo, Jerusalém. Não se fala em nada do campo que fora decisivo em 640. E aí se vê que, em 622, a cidade retoma a iniciativa. Nesta reforma, são afirmados pontos, que interessam ao campo, e outros que privilegiam Jerusalém. O campo tinha interesse na afirmação do tribalismo, do povo, de que todos são irmãos (um dos conteúdos mais importantes do Deuteronômio). Ao campo, ainda interessa a afirmação de Javé, Deus único, pois no tempo dos assírios haviamse multiplicado os cultos de fertilidade.

Estes dois conteúdos do Deuteronômio são reafirmados pela reforma, e estão no interesse do campo. Mas também é decidido que Jerusalém passa a ser o único local de culto sacrificial, o que interessa muito à capital, a seus sacerdotes, que, afinal, foram os que encontraram o livro. Mas, também não se deve esquecer que, após as destruições promovidas pelos assírios em Judá (destruição de 46 cidades!), em 701 a.C., praticamente nem restavam templos da província! Assim o confirma a arqueologia. Tudo estava por terra! Desde 701 a.C., Judá estava, por assim dizer, desurbanizada! Logo, por ocasião da reforma josiânica de 622 a.C. já nem havia templos em Judá, templos estes a serem abandonados em prol de Jerusalém. Logo, em termos de centralização do culto sacrificial em Jerusalém tem-se a nítida impressão que a reforma mais bem sanciona o *status quo*.

O que se alcança sob Josias é, pois, um pacto entre Jerusalém e Judá; este foi de grande impacto, também para Josias, que a partir daí se lança à conquista do norte, ao antigo Israel. Judá integra partes do norte a seu domínio. Expande-se. Este projeto novo foi interrompido repentinamente, pois a Palestina só havia sido liberada, provisoriamente, pelas potências imperiais para iniciativas nacionais como as de Josias, de "o povo da terra" e de Jerusalém. Em 609, Josias foi morto ao confrontar-se com os egípcios, a caminho do Eufrates. O "povo da terra" logo colocou no poder um filho de Josias, de nome Jeoacaz. Mas este só governou três meses, até o regresso do faraó do Eufrates. Foi deportado para o Egito, onde morreu. Os tempos de autonomia, breves porém importantes, já haviam chegado a seu final.[1]

As manifestações proféticas deste período têm opiniões distintas sobre os acontecimentos. Sofonias deverá ser situado antes da reforma de 622 a.C., porém, logo depois da tomada do poder pelo "povo da terra" em 640. É de Jerusalém, quem sabe descendente de escravos etíopes. Este Sofonias não vê nenhum futuro para Jerusalém, para a cidade e, provavelmente, também não para o templo. Para ele a capital é "rebelde", "manchada" e "opressora" (3,1). Será destruída. Contudo, vê possibilidades para os "oprimidos da terra" (2,3), para o "povo oprimido e fraco" de Jerusalém. Pode-se, pois, dizer que Sofonias, à semelhança de Isaías, tem simpatia pelos setores pobres do campo e da cidade, mas não vê futuro nem para "o povo da terra", nem para Jerusalém e seu templo. É mais radical do que a revolução de 640, e talvez não esteja em nada de acordo com a reforma de 622. Nesta linha também está a profetisa Hulda (2 Reis 22,11-20). Ela vive nos setores populares da capital. Seu marido trabalha na corte como "encarregado do vestuário". Hulda também não vê futuro para

1 Sobre Josias, ver Nakanose, 2000.

Jerusalém, será "objeto de espanto e execração". Tanto Hulda como Sofonias mostram que a reforma não é coisa para os pobres. Era mais um acordo entre as pessoas do poder em Jerusalém (rei e templo) e em Judá (camponeses mais abastados). Jeremias, talvez, seja mais favorável à reforma. Ele se diz crítico da idolatria que existia antes da reforma (nos cap. 2—6). Logo, quando vem a reforma, ele a teria apoiado e silenciado em sua profecia por alguns anos. Quem defende esta interpretação de Jeremias aponta para sua afirmação muito positiva sobre Josias: "fez justiça", defendeu o pobre (Jeremias 22,15). Mas, a interpretação justamente dos primeiros capítulos deste profeta, ainda está em aberto.

A partir de 609, Judá volta a estar sob o impacto de um império. Joaquim (609-598 a.C.) foi feito rei pelos egípcios. Mas, logo depois, estes perdem o domínio internacional para os babilônios, em 605. Também Joaquim tem que mudar de lado. Passa a pagar seus tributos ao novo império babilônico. Por fim, já sob os interesses do "povo da terra" suspende o pagamento do tributo. Os babilônios invadem Judá. Joaquim morre. Assume o seu filho Jeoaquim (597) que se entrega aos babilônios para evitar a destruição da cidade. Ele, a corte e mais dez mil da elite de Jerusalém são deportados. Começa para estes o exílio. Os babilônios fazem Zedequias rei sobre o que restara em Jerusalém e Judá (597-587 a.C.). Os egípcios, que à diferença dos tempos assírios não puderam ser submetidos, prometem-lhe apoio contra os babilônios. No interior, "o povo da terra" pressiona em favor da autonomia, porque já está cansado de pagar tributos pesados. Por fim, Zedequias também se rebela, não paga à Babilônia. Nova invasão desde a Mesopotâmia. Cerca-se a cidade de Jerusalém. Ela é conquistada e queimada, no verão de 587. Judá toda é desurbanizada, à semelhança de 701 a.C., para que não sirva de porta de entrada para alguma invasão egípcia. Judá/Jerusalém era neste momento a fronteira entre os dois impérios. Por ser limite, é destruído, para marcar a separação entre dois gigantes: Egito e Babilônia. Há nova deportação, porém pequena. A de 587 passa a somar-se à de 597 que já está na Mesopotâmia. Na Babilônia estão umas quinze mil pessoas. A maioria permaneceu em Judá, em especial no interior, por exemplo, na Sefelá.

A profecia outra vez nos permite verificar que afora os dois setores sociais mais importantes, dentro da sociedade, ou seja, "o povo da terra" de Judá e a gente de Jerusalém, havia outros grupos com outras ênfases, mais radicais e bem mais comprometidos com os setores marginalizados na cidade e no campo. Citemos primeiro Jeremias. Ele é bem mais radical nesse período do que nos tempos de Josias, onde parece ter estado mais perto do grupo que fez a reforma. No ano em que Joaquim assume (609), rompe definitivamente com os da reforma e com os interesses das elites da capital. Prega contra o templo. Esta "cova de ladrões" deve ser como Silo, ou seja, deve ser destruída (Jeremias 7 e 26). Desde então Jeremias é um dos pobres de Jerusalém, perseguido, em cadeias, proibido de falar, quase assassinado. As pessoas mais humildes é que o apóiam: o escriba Baruque, o escravo Ebedmeleque (Jeremias 36 e 38). Aí Jeremias tem a posição de uma Hulda ou de um Sofonias. Junto com Jeremias, mais ou menos por volta de 600 a.C., atuou Habacuque. É possível que seja um profeta de origem do templo. Aí tinha funções proféticas. Mas se afastou deste seu ambiente, radicalizando-se. Habacuque se pergunta pelo futuro do povo em meio às destruições que sobre ele vêm. Já não aceita a resposta (um pouco defendida por Jeremias; veja cap. 27—28+29) de que o império babilônico funcionaria como uma espécie de proteção contra a exploração interna. Habacuque afirma que este império é terrível e explorador. A nova resposta está em Habacuque 2,4: "o justo viverá pela fé/ fidelidade", ou seja o "justo", os pobres (como Habacuque os identifica nos caps.1-2) representam o futuro, a certeza de que com o fim de Jerusalém a história do povo não tem fim. E não teve.[2]

2 A respeito de Habacuque, ver Balancin, 1991; Silva, 1997.

O tempo do exílio (597/587 até 539 a.C.) é experimentado, em especial, em dois lugares, por dois grupos de modo muito diferente. Ao final, no pós-exílio, se impôs, com ênfase maior, a opinião dos que estiveram na Babilônia. Desde aí parece que estes da Babilônia seriam os únicos no exílio. Mas o grupo mais numeroso vivia na terra, em Judá. Estes que permaneceram viviam em uma terra "destruída". Mas destruída de que modo? Afinal, não se pode destruir a natureza (ao menos não naqueles tempos!). Ela continua a dar seus frutos. Destruídas estavam as cidades. Os assírios já as haviam queimado em 701 a.C. e, agora, os babilônios outra vez as destruíram ou desmantelaram o que delas sobrara, justamente para evitar que nelas houvesse comida que, em caso de invasão, pudesse servir de abastecimento aos egípcios. Então, Judá estava desurbanizada como Jerusalém. Mas, o povo judaíta interiorano, em boa medida, continuava a viver em suas aldeias, trabalhando seus campos. Outra vez estavam no mundo tribal. Ou seja, em Judá, o período do exílio é um tempo de retribalização.

Com isso não quero dizer que antes as tribos já não existissem. Existiam sim, porque também no tempo dos reis as tribos, os clãs, as famílias eram o modo de viver nas aldeias. Retribalização aí significa que a vida de aldeia era a única que existia e que a ela se dava toda a atenção para que funcionasse bem. No pós-exílio, esta vida retribalizada marcou a Palestina até no 4º século a.C., a partir de quando Neemias havia reurbanizado Jerusalém. Portanto, nos séculos 6, 5 e 4 tivemos, na Palestina, mais de duzentos anos de hegemonia tribal.

É preciso levar em conta que os textos bíblicos que têm sido escritos sobre a época tribal nos séculos 13 até 11 (Josué e Juízes), foram redigidos, concluídos literariamente, justamente nesta época de exílio e pós-exílio, pela escola deuteronomística.

Já na Babilônia a situação era outra. Alguns, os da casa do rei, estavam na cidade da Babilônia. No início foram prisioneiros. Logo, libertados, atuavam na corte, talvez como uma espécie de funcionários.

O decreto de Ciro, terminando com o exílio em 538 a.C. e dando ordens para reconstruir o templo, surgiu sob a atuação deste grupo que vivia junto à corte babilônica. Na Babilônia, a maioria dos deportados estava no campo, em lugar então desabitado, chamado Tel Aviv. Aí plantavam. Eram escravos, isto é, trabalhadores forçados pelo império, produzindo para sua própria sobrevivência e pagando pesados tributos aos babilônios. No mais, tinham sua liberdade de organizarse e fazer cultos. Eram, pois, escravos do modo de produção tributarista, mas não escravos no sentido do escravismo posterior de gregos e romanos. Talvez até se pudesse especificar um detalhe a mais em relação a estes reassentados em Tel Aviv. É que muitos de seus filhos parecem terem atuado como soldados babilônios. Isso explicaria certos detalhes de Isaías 40-55 (Dêutero-Isaías), como por exemplo seus versículos de abertura, quando em 40,1-2 se anuncia o fim do exílio; diz-se aí a rigor que 'o serviço militar' findou, já não valendo a lutar pela Babilônia. Ezequiel 37 poderia ser alocado neste contexto.

Houve uma produção literária marcante entre os que restaram, em Judá. Creio que ainda podemos identificar dois setores ou lugares de produção literária entre os que permaneceram: por um lado, temos textos dos que estavam junto a Sião; por outro, temos materiais dos que estavam no interior, em Judá. Dos que estavam ao redor de Sião vêm, por exemplo, as Lamentações de Jeremias e o livro de Obadias/Abdias. Expressam muito desespero. Já, praticamente, não há perspectiva.

Há raiva contra os edomitas (Abdias). Há fome, sede e, principalmente, desespero, falta de perspectivas, como podemos ler em Lamentações, que não têm ânimo para dizer algo sobre o futuro. É gente sem amanhecer! Isto que nos é transmitido em Lamentações e por Obadias são palavras dos que viviam em Jerusalém ou ao redor do Sião e que sofriam duramente com a destruição.

A perspectiva em Judá, entre os que restaram, é bem outra. Sua obra maior, a grande obra literária de nossa Bíblia, é a Obra

Historiográfica Deuteronomística (Deuteronômio, Josué, Juízes, 1+2 Samuel, 1+2 Reis). Nela, os de Judá fazem uma análise de sua história passada, para buscar novo horizonte para o futuro. Afirmam que a destruição veio por culpa da monarquia que promoveu o contrário do tribalismo, promoveu idolatria e injustiça. O novo governo no futuro já não pode ser nem idólatra nem injusto. Este é o novo Davi que esperam.

Essa é a perspectiva de "o povo da terra". Nestes mesmos setores foram concluídas as profecias de Jeremias, com sua importante tese final: na terra, a vida vai continuar; aí há futuro! Por isso Jeremias decide permanecer em Judá e não seguir para o exílio.

Dos exilados temos principalmente duas profecias (bem como releitura do Pentateuco feitas por exilados, veja Gênesis 1 e 17). Ezequiel era parte do sacerdócio antes da deportação de 597 a.C. No exílio é feito profeta. Tem três acentos principais. Antes de tudo afirma, desde sua vocação em Ezequiel 1—3, que Javé já não está no templo de Jerusalém. Também está no exílio. Deus mesmo é um exilado. Portanto, a vida que continua a existir em Judá/Jerusalém até a destruição do templo em 587 e até depois, já não conta com a presença de Javé, pois este está com seu profeta e seu povo no exílio. Assim, Ezequiel faz duras críticas às práticas cúlticas em Sião e condena a própria monarquia, bem como o faziam os demais profetas. Um segundo conteúdo é a esperança. Há futuro para os que agora estão na Babilônia. Vão regressar. Deus outra vez fará de ossos secos um povo, como o disse de modo tão dramático Ezequiel 37. E no final, Ezequiel ou seus discípulos até apresentam um projeto para o futuro. Vemos isto em Ezequiel 40-48. Todo ele está com o templo no centro. É bem teocrático. Estes três conteúdos de Ezequiel dão o que pensar, em especial sua visão de futuro. Sem dúvida, sua maneira de falar da presença de Deus entre os deportados é muito inspirada. Mas, por certo é problemática, em termos históricos, pois sua visão de futuro não prevê a maioria do povo que, neste momento, vive em tribos em Judá. Aí já se anuncia um conflito duro que vai marcar todo o pósexílio, o conflito entre os que regressam (uma minoria) e os que estão na terra judaíta (uma maioria).

O que chamamos Segundo Isaías (Isaías 40—55) é algo como uma coleção de cânticos proféticos da comunidade de exilados. Há bastante diferenças entre a visão ezequeliana e a deste dêutero-isaianismo. Com este Segundo Isaías estamos mais no final do exílio, por volta de 550 a.C. Os persas já fazem suas conquistas ao redor da Babilônia (o cap.45 se refere a Ciro!). O ponto alto do Segundo Isaías é o servo sofredor. Mesmo morto e vencido, o *'ebed* / "servo" tem futuro e não somente o tem para Israel, para as tribos, mas para toda a humanidade. É luz para os povos (Isaías 49,5-6). Esta é uma maneira bem inovadora e diferente de falar do futuro do que a que conhecemos em Ezequiel (Schwantes, 2007; Mesters, 1985).

Havia diferentes projetos quanto ao futuro, em Judá e entre os exilados. O exílio foi um momento muito sofrido, mas também criativo. Aí se reviu o passado e se elaboraram projetos para o futuro do povo. Mas, ao final, os persas venceram, ao menos na grande política dos grandes. Seu projeto novo, sua nova maneira de dominar prevaleceram. Com estes persas já ingressamos em novo momento da história de Judá e, em especial, do templo de Jerusalém.

Ainda não temos clara definição para a periodização histórica do pós-exílio. Afinal, nele mudam parâmetros: as pessoas palestinas e no geral do antigo oriente tendem a deixar de ser os primeiros sujeitos de suas trajetórias. Agora, a história lhes passa a ser, ao menos em parte, alheia, porque Israel e Judá se tornaram colônia. Por isso, penso que temos que dar um destaque peculiar aos senhores imperiais, persas e gregos e romanos, que, uns após os outros, se adonam da vida judaíta e israelita, nestes séculos pós-exílicos. Contudo, isso não significa que Judá tivesse perdido, por completo, sua autonomia. Manteve-a e lutou por ela. Recriou suas marcas e fez-se diferente para sobreviver. Quando, pois, damos um destaque peculiar à dominação, neste pós-exílio, sempre o fazemos mantendo as tensões criativas que judaítas na Palestina e em meio à diáspora viveram com o senhorio imperial da época. Ainda que tais "gafanhotos" senhoriais tenham sido muitos, inúmeros (Joel 1—2), suas sombras não perduram para sempre.

7. SOB DOMINAÇÃO PERSA: VIDA EM COMUNIDADES E TRIBOS

Há que começar com a dominação. Melhor sempre é iniciar pelo lado da liberdade, mas, nos séculos para os quais olhamos, a colonização de terras e pessoas é o que prevalece.

A dominação persa (um povo indo-europeu e não semita) marca o contexto, nos próximos séculos. Os persas arrancaram aos babilônios a dominação da Mesopotâmia, em 539 a.C. A hegemonia babilônica fora de pouca duração. A leste da Mesopotâmia consolidavam-se os persas, sob Ciro (desde 559). Em 546, a Lídia (na Ásia Menor) caía em seu poder. Aproximava-se a conquista da Babilônia. Povos escravizados, como os judaítas, e setores dos próprios babilônios aderiram a Ciro (veja Isaías 44,24-45,7). Por fim, em 539, a capital Babel recebia Ciro triunfalmente, celebrando-o como libertador. Ciro se assenhoreara da Mesopotâmia, contando com muitas simpatias entre seus adversários.

Sua dominação se estende, de fato, até 330 a.C., por dois séculos. Mas, há que considerar que no terceiro século, as condições de vida na Palestina não parecem ter mudado substancialmente quando Judá e Israel vieram a ser domínio egípcio, portanto, dos ptolomeus. As condições de vida sob os persas parecem que se estenderam por um século a mais. Por isso, recomendo que ainda se considere o 3º século a.C. como similar ao que se havia vivido sob os persas. A situação muda, e muda marcantemente quando a Palestina passa à hegemonia do império selêucida, com sede na Síria; este, sim, assalta Jerusalém para conseguir prata e ouro. Estendo, pois, a presença do jeito persa de governar povos subalternos até mais ou menos o ano 200 a.C.

Que jeito é esse? É nitidamente colonial. As regiões conquistadas são inseridas num só sistema de dominação e administração.

Neles não sobrevivem reis locais, como em tempos assírios (pensemos aí no rei judaíta Manassés), ou recordemos de Sedecias pouco antes da destruição de Judá e Jerusalém pelos babilônios. Agora, quem governa são tão-somente os próprios persas, através de suas províncias ou satrapias, enfim, de suas colônias. Judá, ao menos inicialmente, era parte da Transeufratênia. Entre estas diversas satrapias, a comunicação era muito bem desenvolvida por um sistema de estradas, de troca de mercadorias e de informações. Não é acaso que a primeira visão de Zacarias enfoca agilidade de cavalos como marca deste novo senhorio (1,8-13). Ainda que haja inovações na comunicação e organização, não parece ter havido algum impulso em favor da escravidão de parte do regime persa, ainda que, em seus dias, a pressão escravocrata, mas de origem grega, ocidental, se foi fazendo cada vez mais presente (veja Isaías 25,1-2). Por isso, teve-se a impressão de um novo e livre ambiente de vida sob os persas, pois estes 'alargaram' o mundo, deram-lhe novas feições. De certo modo! Adicione-se a isso que aos jerusalemitas e judaítas foi autorizada, já no primeiro ano de governo de Ciro a partir da Babilônia, a reconstrução do templo, com promessa de verbas do próprio império (Esdras 6,3-6)! Há, pois, novidades no ar, especialmente porque os horrores de queimadas e destruições dos assírios não se repetiam, nem a escravização grega já marcava presença. Neste ambiente, os persas representavam certa calmaria: se bem que sua calmaria era também a da opressão. Judá ficava em ruína e 'sossegada' sem chances. A governança persa não era nem de longe libertária (como anunciara Dêutero-Isaías 44,24-45,7). Também eram vorazes gafanhotos (Joel 3,1-5)! Os apocalípticos os enquadram dentre os opressores (Daniel 7-12).

Voraz era o ímpeto conquistador persa. Não lhe bastou a tomada do antigo oriente, incluindo o Egito. Seus avanços se dirigiram à Europa, à Grécia, onde não se pode impor (em 480 a.C. se deu um importante confronto naval), ainda que seu poderio bélico tivesse sido inusitado. Este confronto com a Grécia, afinal, não só afastou a estes, mas os trouxe para perto, por exemplo na especial relação que os gregos passaram a ter com o Egito e os muitos contatos comerciais que os fenícios vieram a consolidar com a Grécia e Pérsia. Afinal, os gregos, ilesos da ocupação persa, puderam fazer crescer, já em pleno 5º século, suas relações comerciais com os setores ocidentais das possessões persas, entre elas o território judaíta. Neste sentido, os gregos chegaram à Palestina bem antes de Alexandre Magno, com suas conquistas ao redor de 330 a.C. Sua chegada tem a ver, em parte, com a de suas mercadorias, por exemplo sua multicolorida cerâmica, e, principalmente, com a pressão escravocrata sobre os jovens palestinos (veja Neemias 5,1-5; Joel 3,1-2; Isaías 24,1-2). Eis, um dos temas centrais já de tempos pós-persas: a escravização.

Identifico três momentos diferentes da atuação da cultura e da sociedade judaítas em tempos persas.Já nos referíamos ao entusiasmo com que se percebe a presença persa em Dêutero-Isaías (Isaías 40—55). As esperanças eram intensas para os exilados sob a Babilônia.Poucos decênios depois temos outras expectativas na terra, em Jerusalém e Judá, expressas por Ageu, Zacarias e Trito--Isaías (Isaías 5666). Elas são muito mais críticas e contestatárias aos persas. Podemos dizer que esta visão prevalece a partir de 538 até tempos de Neemias e Esdras, aproximadamente em 420 a.C., principalmente entre judaítas remanescentes. Não parece que a reconstrução do templo, reinaugurado em 515, tenha alterado profundamente as condições na Palestina, porque os muros de Jerusalém ainda continuavam demolidos.

Só no período final do 5º século, duas medidas vieram a impactar a vida na Palestina: o reerguimento dos muros de Jerusalém (quer dizer, a reurbanização da vida jerusalemita) e, passo a passo, da vida judaíta interiorana. A vida volta a se estruturar politicamente, agora sob a hegemonia do templo e de seus senhores. Esta será a realidade nova que se implanta sob o 4º século, aí ainda no regime persa, e no próprio tempo posterior, no 3º século, sob os gregos ptolomeus egípcios.

Penso, pois, que podemos diferenciar estes três momentos distintos dentro dos quais as pessoas sul-palestinas (quer dizer judaítas e jerusalemitas) experimentaram a dominação persa e o começo da greco-ptolomaica.

Para consumar a dominação, a conquista do Egito fora alvo persa bastante imediato. Não lhe bastara a Babilônia; as metas previam a terra dos faraós e também a dos gregos. Afinal, a Ásia Menor já estava tomada pelos persas, antes mesmo da Mesopotâmia! A tarefa do Egito coube ao sucessor de Ciro, a Cambises, (530-522); anexou o Egito, em 525. Mas, enquanto consolidava a hegemonia sobre o Nilo, o descontentamento ganhava vulto no restante do império. Eclodiu por ocasião da substituição de Cambises, que morre em 522, sem deixar filhos. Seguiram-se alguns anos (522-520) de lutas internas pela sucessão. Digladiaram-se diversos pretendentes. Enfim, impôs-se Dario I (522-486 a.C.), que consolidou a dominação persa, lançando-se, desde já, em direção ao ocidente em busca da nova meta da dominação, a Grécia.

A partir de 539 a.C. chegava, pois, ao fim a dominação babilônica e, com ela, o exílio de ex-autoridades de Jerusalém e de sua corte, e de alguns de Judá. A formulação antiga do decreto de Ciro do primeiro ano de seu governo (Esdras 6,3-6) não se refere ao exílio, o que lhe é adicionado em redações mais recentes (2 Crônicas 36,22-23 e Esdras 1,2-4). Não parece que a volta era propriamente o assunto em 539, porque os persas, naqueles anos, ainda nem tinham o controle da Palestina, que deve ter estado sob domínio egípcio, na medida que aquelas terras em ruína, sem qualquer urbanidade, eram politicamente interessantes. Penso que se pode dizer que após o decreto de 539 nada aconteceu quanto ao regresso à terra. Diria que não temos indícios disso.

A volta de alguns grupos deve ter ocorrido em torno da campanha militar persa, sob Cambises, contra o Egito, aproximadamente, em 527/6 a.C. Mas, eram poucos os que empreenderam esta aventura do retorno: voltar a uma Jerusalém demolida, sem templo, com novos ocupantes?! Certamente, as expectativas dêutero-isaianas e ezequelianas eram em muito superiores à dura realidade que aguardava quem chegasse a Jerusalém. Afinal, até a vinda de Neemias e Esdras (mais ou menos em 420 a.C.) poucas foram as mudanças havidas na ex-cidade capital.

Na verdade, é a sucessão de Cambises o contexto de um novo despertar em Judá e Jerusalém, e, não, o decreto de Ciro. Em regresso vitorioso, mas apressado do Egito, Cambises morre a caminho da Pérsia. Não deixara sucessor; não tivera filhos. Por toda parte do império eclodiu o descontentamento. Não faltavam candidatos à sucessão de Cambises. O império entrou em guerra civil.

Neste ambiente situa-se a agitação sobre a reconstrução do templo de Jerusalém e o anseio de Zorobabel, um davidida da família do exrei Joaquim do exílio babilônico, em assumir o poder político em Jerusalém. Este é o ambiente dos profetas Ageu, Zacarias e Terceiro-Isaías.

Algo novo está acontecendo, principalmente entre os remanescentes, a grande maioria da população judaíta. Alguns haviam voltado, mas não muitos. Faziam certa diferença. Mas decisivo há de ter sido "o povo da terra" (Ageu 2,4). Pois, ele aderiu ao templo. Refez o santuário. Esta novidade, a meu ver, faz uma certa diferença; resulta em uma marcante pré-apocaliptização da cultura. Pois, tanto em Ageu quanto em Zacarias e Trito-Isaías, os remanescentes passam a entender sua vida como prestes a entrar em profundas transformações, em novas realidades, que vão além do que experimentaram até aí. Para Ageu, a natureza se transformará em celeiros de produtividade. Para Zacarias, Jerusalém será portadora da glória inusitada de Javé. Para o Terceiro Isaías, a vida terá um acréscimo de mais e mais anos (veja Isaías 65). Isso não é só profecia, é antes apocalíptica. Trata-se de transmutação da história.

Por isso, as pessoas se lançam a um novo projeto. Nele, é decisiva a esperança por um novo bem-estar, uma natureza farta e abençoada. E, junto a este encanto pela abastança que tomará conta, encontram-se duas decisões específicas, através das quais estes novos tempos se expressam e articulam: o templo e um novo rei-servo. Em cada um dos profetas, estes conteúdos se expressam de modo peculiar, mas mantém, em todo caso, uma conjugação entre traços religiosotemplares e político-messiânicos. Por exemplo, no Terceiro Isaías falta um destaque maior a um novo rei, porque este já está abandonado ao esquecimento no próprio Dêutero-Isaías (veja o servo sofredor!). No lugar das expectativas por um novo rei, o destaque é dado à redenção dos empobrecidos por eles mesmos (Isaías 61)! O 'rei' dos pobres será um deles, um servo, perseguido até a morte (Isaías 50,4-11 e 52,1353,12!). O 'rei' será um "escravo", um *'ebed*!

Aqueles dias e meses, em especial o segundo semestre de 520 a.C., os tempos de Ageu em especial, devem ter sido muito peculiares, ansiosos, nervosos, espetaculares. Celebravam-se novos tempos, senão o próprio fim dos tempos. Em todo caso, neste final dos tempos a derrocada dos persas estava incluída (Ageu 2,20-22). A prática concreta de reedificação do templo fazia, pois, emergir a nova profecia. Pode-se dizer que estas novas categorias de pensamento passarão a ser típicas para o pós-exílio. Em Ageu, Zacarias e Terceiro Isaías eclode uma nova cultura que tentará reler o passado pré-exílico e lançar-se a um novo futuro pós-exílico, dentro de contornos de nova cultura e inovações sociais. Eis a transformação de tudo para um novo tempo.

Este experimento judaíta, com a adesão de alguns que regressavam do exílio, não se impôs, em termos factuais. O templo, este sim, voltou a suas atividades sacrificiais. Mas ao ser inaugurado, em 515 a.C., o foi sem a profecia apocaliptizada dos profetas. A inauguração neste sentido o destituiu do significado profético-apocalíptico em que o lançamento de suas pedras fundamentais, em 520 a.C., haviam estado situados. Os persas, sob Dario, tinham retomado o controle da situação e se esmeraram em desapocaliptizar "a casa de Deus". Naquele momento, em torno de 515 a.C., isso se fez possível. Mas não por muito tempo, porque o pós-exílio descortinara, no encaminhamento da restauração do templo, uma perspectiva que já não irá abandonar: o templo é sede do fim! Assim o retoma, por exemplo, Joel 3,1-5! A esta nova dimensão que o templo assume há que perceber também que ele, agora no pós-exílio, se laicizou. Era um empreendimento sacerdotal-monárquico, no pré-exílio, mas no pós-exílio cresce-lhe a dimensão laical. Afinal, foi "o povo da terra" que se lançou à sua edificação. Há que lembrar que, mais tarde, em tempos macabeus, serão os leigos os que lutarão lutas heróicas para não permitir que o templo e seus ritos sejam helenizados. E, enfim, serão os zelotas os que na guerra contra Roma, em 66 até 70 d.C., lutarão até seu esgotamento derradeiro pelo templo. No pós-exílio, o templo difere daquele do pré-exílio!

Um aspecto a mais precisa ser adicionado aqui. Refirome a Ageu 2,10-14 e a relatos, certamente mais tardios, agora presentes em Esdras 1-6: a exclusão dos samaritanos na restauração do templo de 515 a.C. Entendo Ageu 2,10-14[1], neste sentido, e penso que as memórias a respeito anotadas em Esdras e Neemias, de fato, correspondem já à posição judaíta de 520-515, qual seja a de proibir, por motivos de evitar o colaboracionismo com os persas, a presença dos samaritanos. O segundo templo, por mais que inclua os leigos, separa-se, ao menos em certos setores sociais, dos samaritanos, porque subservientes ao império.

Aliás, é muito improvável também que se tenha aceito, naqueles anos de militância apocalíptica anti-persa, a verba posta à disposição pelos persas para a restauração do templo. À luz de Ageu e Zacarias isso é pouco provável.

Pouca relevância, explícita, parece ter sido atribuída às guerras entre persas e gregos, na primeira metade do 5º século. Sabemos de sua decisiva importância para aqueles tempos históricos e, inclusive, podemos aquilatar o que vieram a implicar para a história

1 Ver a respeito meu comentário de Ageu (2025).

do Antigo Oriente Próximo. Mas nos faltam dados conscientes dos próprios atores sociais bíblico-judaítas a respeito.

Os persas eram muitas vezes superiores em suas forças bélicas ao se imporem em territórios gregos da Ásia Menor, nas regiões macedônias e, em especial, em territórios atenienses. Mas, finalmente, não alcançaram impor-se, nem por terra e em especial não por mar. As estratégias gregas lhes foram superiores e compensaram seus exércitos, numericamente tantas vezes inferiores. A surpresa ficou documentada na maratona, em 490, daquele soldado que trouxe as notícias da supremacia dos navios gregos sobre a esquadra persa. Ainda que este estupendo enfrentamento bélico entre gregos e persas na primeira metade do 5º século não tenha registro maior no contexto da memória de Judá, uma de suas consequências passa a ser de grande impacto para o mundo judaíta: refiro-me à escravidão.

Este assunto se encontra marcadamente no Primeiro Testamento pós-exílico como signo antagônico à vida. Está presente no próprio nascedouro de Israel, no Egito, de onde Deus resgatou seu povo justamente para que deixasse de ser escravo (Êxodo 1-15; 20,1-2). A Bíblia conta, pois, rigorosamente, a trajetória de escravos libertos, desde seu começo e pelos séculos afora. Este é, em Israel, memória fundacional. Algo similar não se poderia dizer da cultura grega; ela dificilmente poderia dizer estar remontando à libertação da escravidão. Pois, escravização é sua própria matriz. É seu hábito. A relação com outros povos e nações tem aí uma de suas metas, a de angariar escravos entre os bárbaros, entre os estranhos aos quais pretensamente faltava cultura e sociabilidade. Atenas era repleta de escravos e escravas que labutavam e suavam, para que os senhores gregos se ativessem a seu específico, à cultura e à guerra. Não, para semitas o suor do trabalho não era para alguns, nem para outros. Do suor resulta o pão!

Por isso, ainda que já se conhecesse tipos de escravidão em meio ao Antigo Oriente Próximo, este jeito de vida não era o alvo. Pelo contrário, medidas concretas reduziam tais escravizações e as restringiam (veja Êxodo 21,1-11). Particularmente, coibia-se a revenda de escravos e escravas, o mercado de gente escrava.

O convívio com os gregos foi formulando de modo cada vez mais agudo teses anti-escravagistas dentro do material pós-exílico. Penso inclusive que deveríamos dedicar atenção cada vez mais acurada a este aspecto do Primeiro e do Segundo Testamentos e da cultura judaica contemporânea. Há que lê-la como documentação anti-escravocrata. Afinal, a guerra dos macabeus no 2º século a.C. e a dos zelotas, nos anos sessenta d.C., são acima de tudo lutas pela liberdade. É assim que há que comemorar Massada, mas também a cruz de Jesus. As cruzes são embates anti-escravagistas! Isso pode estranhar porque, afinal, bem que gostaríamos de ver a liberdade vencer à moda grega. Mas, na cultura bíblica ela vence de modo judaíta, semita, apesar dos senhorios gregos e romanos.

Há que ir vislumbrando cada vez melhor o quanto a mística bíblica se aloca em meio ao espírito da liberdade, em especial no pósexílio. Citemos alguns exemplos dessa vocação pós-exílica:

É muito surpreendente que Agar ocupe um lugar tão destacado na memória de Gênesis 12-25. Os caps.16 e 21, dedicados a ela, são centrais para as histórias de Sara e Abraão; são-lhes paradigmáticas (Schwantews, 2008).

E isso não deixa de estar em paralelo com o empenho daquele conjunto literário a alcançar sepultamento digno para a mãe Sara e casamento respeitoso e livre para Rebeca e Isaque. Ambos os capítulos (caps.23 e 24 de Gênesis), sem dúvida, são recentes, pós-exilícos e tardios. Ambas as estórias são refinadas quando se trata de percebêlos dentro de um senso de liberdade e dignidade.

Pensemos no livro do Cântico dos Cânticos. Afinal, seu temário é o da escravidão, ou seja, o da sexualidade da mulher. E ela, no Cântico, é celebrada como livre; não submissa nem à mãe e nem aos irmãos! Esta jovem, celebrada no Cântico, não serve como escrava, antes maldiz quem se arroga comprar a sexualidade por dinheiro (8,7!). Ora, quem educa para a submissão, educa para a escravidão. Mas não é o que o Cântico se propõe, senão que justamente o contrário.

Caminho similar encontramos no livro de Rute. Afinal, nele se trata de cumprir a lei, a *torah*. De acordo com ela, o resgate da terra era justamente um dos deveres na sociedade clânico-tribal. O resgate desta lei é o tema em questão em Rute. Trata-se de uma releitura da *torah* só que tendo as mulheres como sujeitas da releitura!

De modo todo especial, há que apontar para a sabedoria. Diante de um certo exagero religioso em Javé somente, a sabedoria busca um caminho diferente (veja diversos Salmos, por exemplo Salmo 1, Provérbios, Jó, Eclesiastes, Eclesiástico), que é o da aproximação aos povos. O abrigo não é a exclusividade, mas a proximidade! A proximidade das tradições judaítas às das nações ajuda a perceber a insanidade da escravidão.

Estas e similares tradições nos mostram quão decisivo é, no pós-exílio, justamente o tema da liberdade, da autonomia, do que hoje chamaríamos de auto-determinação. Pós-exílio nada tem a ver com decadência, mas tudo tem a ver com a releitura das antigas tradições de Israel e Judá como conteúdos vitais para a sobrevivência de pessoas pobres e singelas como as do pós-exílio, em meio a um sistema pouco amistoso de colonização e de perseguição escravocrata. Grande parte das tradições pós-exílicas devem ser lidas como contribuições para se viver em liberdade, apesar de persas colonialistas e de gregos compradores de pessoas.

8. AINDA SOB OS PERSAS: NEEMIAS E ESDRAS – JERUSALÉM E JUDÁ EM NOVA CONJUNTURA

Enfim, o experimento social, profético e apocalíptico não se concretizou, em 515 a.C. As forças sociais que impulsionaram em prol do templo fizeram-no na intuição política, no que, contudo, foram apocopadas pelos persas de Dario. Ao invés de um novo messias (Ageu 2,23 e Zacarias 4,1-5, veja Isaías 61), a 'polícia' tomou conta do cenário. Os "gafanhotos", referência aos persas na profecia de Joel 1-2, ocuparam os espaços.

E o templo, ainda que reativado, continuou a minguar seus dias. Afinal, nele se acabara de aprender a enxergar coloridos apocalípticos que, por ora, deixaram de se efetivar. O que se seguiu pouco teve de apocalíptico. Antes era muito corriqueiro: os persas, seus cavalos (para manter a linguagem de Zacarias 1,7-13) e seus funcionários começaram a se implantar na Palestina, para exigir seus supostos direitos de tributo e de taxação do comércio. A arqueologia de Israel e Judá nos dá a conhecer alguns destes exemplares de palácios da administração persa: por exemplo no topo de Laquis. Aí há um tal palácio persa para um administrador daquelas rotas e caminhos. Diante de tais avanços, Jerusalém continuou a ser modesta, conquanto cidade que estava em ruínas, com um templo, desprotegido de muros, em precário funcionamento, como Malaquias o indica. E, no mais, o povo camponês tratava de viver feliz em suas aldeias e tribalidades, evitando de cair na malha da administração tributária persa. Era o tribalismo que continuava a ser o cotidiano judaíta (veja o livro de Rute!).

As condições mudam sob Neemias e Esdras, no final do 5º século a.C.

Os contornos da vida em Judá mudavam. A população estava lançada em novas relações. Sob as especiais condições de 520 até

515 a.C., populações judaítas e jerusalemitanas haviam entrado em novas expectativas. Mas a repressão e as condições do regime persa as suprimiram. Neste sentido, o segundo templo não 'caiu' de imediato na realização das condições e expectativas que se articularam naqueles anos 'apressados'. Mas, passo a passo, e a longo prazo, vão se fazer decisivas, não na pressa em que foram pensados pelas gerações do final do 6º século. Faltavam ainda ingredientes nas próprias circunstâncias de vida para que aquelas sementes de quem fez o templo fossem frutificando. Por isso, bem que se pode falar nesta geração do final do 6º século como sendo pré-apocalíptica. Era constituída de gente que aguardava as coisas que haveriam de vir.

O final do 5º século constitui tais tempos novos a exigir uma redefinição da população judaíta e jerusaleminatana. O mundo mudava. Até aqueles tempos nos finais do 5º século a população judaíta sobrevivera bem, desconectando-se marcadamente dos samaritanos, onde estava a sede da administração persa. Como população aldeã, os judaítas puderam manter-se em sua identidade tribal, sem centros urbanos, em que os senhores coloniais persas pudessem agrupá-los e forçar mais tributos e maiores inserções no aparelho de estado. Samaria, sim, teve que efetivar esta transição, acontecendo certamente o mesmo com os filisteus e, em particular, com os fenícios à beira-mar. Os fenícios edificaram cidades de primeira linha. Mas os judaítas ficaram à margem, ao menos até o final do 5º século.

As novas realidades emergentes propiciaram uma mudança. Mas grupos da diáspora e de judaítas também passaram a desejar tais alterações. Consideremos inicialmente o contexto maior em que estamos.

Ora, nestes tempos do 5º século, Jerusalém e Judá passaram a ver-se situados em um novo e peculiar interesse regional. Necessário fazia-se redefinir o lugar próprio que nestas novas relações se pretendia ocupar. Ora, agregou-se um novo povo aos já existentes na Transjordânia, a amonitas, moabitas e edomitas.

Aliás, não se trata nem de um novo povo mas de uma inovadora redefinição dos edomitas. Passam a consolidar-se, já antes do 5° século, com uma nova e fundamental tarefa para a qual surgira um novo e voraz consumidor em terras europeias: os perfumes e as especiarias de origem africana e oriental-indiana. Os nabateus, com sua sede na extraordinária cidade de Petra, nas Montanhas de Edom, serão estes novos extraordinários sujeitos.

Petra se tornou o típico 'entreposto' comercial. Nele, as delicadas mercadorias de perfumes e de especiarias, principalmente tropicais, eram reacondicinadas em pequenos vasos de argila para sua venda ao varejo em toda a região do Mediterrâneo, principalmente junto aos climas frios, onde a cultura do corpo de gregos, romanos e outros tantos reivindicava o perfume, as especiarias. Os lucros deste negócios terão sido estupendos como se pode ver em Petra e arredores até os dias de hoje. Os romanos só conseguiram a conquista de Petra no segundo século d.C., mais ou menos simultaneamente com a tomada de Palmira no leste da Síria, a cidade correspondente a Petra a norte.

Para Petra, Jerusalém e Judá se tornaram muito importantes. Afinal, ora Judá ora Jerusalém se tornaram espaços de passagem para as mercadorias. Ao sul de Judá, foram-se instalando cada vez mais grupos edomitas/nabateus. Parece que o exílio desde logo permitiu a expansão da cultura edomita para o ocidente (veja o livro de Abdias). O sul de Judá passou a chamar-se de Idumeia, ora de terra dos 'edumeus', dos 'edomitas'. Esta tendência de migração de edomitas para o oeste acompanha os interesses dos comerciantes dos perfumes para alcançar os portos em terras filisteias. Jafo (pouco a sul da atual Tel Aviv) servia de porto (veja Jonas 1,3), mas também cidades filisteias como Asdode, Ascalom e Gaza, à beira-mar, podiam prestar serviços portuários similares. Então, a Idumeia passa a ser esta relação entre nabateus (de Petra) e o mercado mediterrâneo e europeu. Enfim, esta Idumeia foi anexada a Judá, já sob os macabeus, no 1° século a.C., considerando que boa parte da população da região continuava judaíta.

Caminhos mais seguros que os do deserto de Beerseba no sul judaíta, portanto, nas terras idumeias, eram os caminhos por território moabita, amonita, damasceno, rumo aos grandes comerciantes da região, os fenícios. E aí importa Jerusalém! Não é, pois, acaso que se reedificam os muros desta cidade. Torna-se este centro novamente apto para o comércio.

Moabitas e amonitas, a leste, se opõem à edificação de tais muros em Jerusalém. O mesmo sucede com os samaritanos, a norte. Pois, afinal, estes grupos todos tinham parte no comércio oriundo de Petra. Não lhes interessava um posto comercial a mais, tão privilegiado e seguro como o de Jerusalém, perto da cidade portuária de Jafo, e a meio caminho para a Samaria. Esta oposição à tarefa de Neemias não só veio de fora, das autoridades destes povos vizinhos, mas também de dentro, em especial daquelas aldeias judaítas sem vínculos maiores com caminhos comerciais.

Para confirmar esta explicação para as novas circunstâncias em que Judá e, em especial, Jerusalém foram colocados pelo comércio das especiarias, lembro que, após os casamentos com Sara e Agar, Abraão casou uma vez mais, de acordo com o cap.25, e desta vez com Quetura, uma mulher de terras árabes cujo nome significa "perfume". E o filho primogênito de Ismael teve o nome Nebaiot (relacionado a nabateus!?). Estamos, pois, no ambiente do 5º e 4º séculos, época da própria redação deste cap.25!

Neste contexto, há que situar a Neemias e Esdras. Penso ser fundamental identificar bem o contexto de suas atuações. De outro modo poder-se-ia não avaliar bem sua importância. Diria que não se pode é isolar sua atuação de outras posições defendidas entre judaítas, como no caso a do cap.25 de Gênesis, ou absolutizar as medidas por eles aplicadas. Trata-se de ações contingenciais que, a longo prazo, se revelaram de grande impacto, mas que foram medidas pontuais em seu momento.

Neemias e Esdras têm sua origem nas populações deportadas, que permaneceram nas terras para onde foram levados e aí assumiram suas tarefas. Sim, como já dizíamos, poucos terão sido os que voltaram a Judá ou a Jerusalém. Pois, se tivessem voltado, a cidade certamente não teria permanecido por tanto tempo em ruínas! A maioria deve ter permanecido na Babilônia, porque enquanto haviam vivido no exílio, durante o 6º século, foram-se ajeitando e após a vitória persa aquelas terras babilônicas, que originalmente lhes pareciam completamente inóspitas, foram tornando a vida possível, talvez até preferível quando comparada à vida difícil pré-urbana nas terras judaítas. A diáspora babilônica inclusive pode ocupar postos importantes da administração persa, como se vê em Neemias. Não era, pois, tão ruim estar na diáspora, apesar de tudo. Contingentes sempre maiores de judaítas foram optando por esta alternativa, no pós-exílio, seja na Pérsia, ou no Egito ou na Ásia Menor. Ainda que esta dispersão enfraquecia a manutenção das condições palestinas, a aliança entre uns e outros, entre a gente da diáspora e os da terra, por fim podia ajudar a ambos. Ora, em Neemias e Esdras temos uma tal entreajuda, entre a dispersão e os remanescentes na terra.

Neemias é um importante funcionário na corte persa. Obtém notícias de "homens de Judá" (Ne 1,2), que caracterizam a situação na terra, para Judá e Jerusalém como sendo de "grande mal"/ *ra'ah gedolah*. Neemias obtém do próprio imperador a licença para se afastar de seus afazeres de copeiro na corte para interferir nas terras de seus antepassados.

O atual livro de Neemias é auto-relato. Ele nos conta em primeira pessoa as medidas que Neemias tomou para sua obra em Jerusalém. Basicamente havemos de reconhecer a antiguidade deste auto-relato de Neemias, referente a suas ações em Jerusalém em torno de 420 a.C.

Há que recordar aqui que o império persa está organizado de modo complexo, em províncias. Nelas vale a autoridade provincial persa. Ora, Jerusalém e Judá são parte da Transeufratênia (da Siro-Palestina) e mais imediatamente estão integrados nas governanças persa local a partir da Samaria. Para estas instâncias e as dos mesmos persas na Transjordânia (entre amonitas, moabitas e edomitas/nabateus) entrementes, não interessava uma Jerusalém reedificada e uma Judá formalizada com entidade política. Pois, com a restauração política de Jerusalém/Judá haveria que incorporar mais um entreposto comercial. Por isso, explica-se porque todos estes vizinhos se opuseram à restauração da cidade de Jerusalém. Inclusive, grupos judaítas que se haviam aliado aos amonitas, participaram da oposição a Neemias.

Neemias se restringiu a uma tarefa concreta: a restauração dos muros de Jerusalém. Os vizinhos e concorrentes em terras samaritanas e amonitas se opuseram, porque, afinal, não lhes interessava concorrência. E nem a todos os judaítas a tarefa era bem-vinda, porque interpunha, novamente, um centro urbano em meio à auto-organização, em meio a cujos parâmetros se vivia a decênios, sim, séculos. Por exemplo, a população de Técoa (terra de Amós), aquela aldeia judaíta a sudoeste de Jerusalém, já à beira do Deserto de Judá, se opôs às tarefas de restauração dos muros. Tais muros não lhe interessavam!

Ainda assim os trabalhos organizados por Neemias progrediram rapidamente. As brechas nas muralhas foram sendo fechadas e os portões que haviam sido queimados[1] foram recolocados. Enquanto se trabalhava na obra, havia que cuidar também da própria segurança diante dos iminentes assaltos dos vizinhos: "cada um tinha sua arma na mão direita" (Ne 4,17b). A obra em nada interessava aos vizinhos!

Mas, os problemas não advieram só deles. Neemias 5[2] o registra bastante no começo do empreendimento. Judá já estava, internamente, endividado. Os muros terão favorecido este processo de pauperização. Uma assembleia promovida pelas mães colocou o dedo na ferida. Os filhos e as filhas estavam comprometidas a

1 Teriam sido os portões aqueles queimados pelos babilônios, em 587 a.C., ou seriam os portões restaurados, por exemplo, em torno de 515 a.C., e entrementes de novo queimados?

2 Ver: Croatto, 1990.

pagar, com sua venda como escravas e escravos, para saldar as dívidas contraídas: "somos obrigados a entregar nossos filhos e nossas filhas à escravidão" (v.5). Os judaítas mais ricos (veja Ageu 1,4!) eram estes credores que levavam os jovens à escravidão. Afinal, a cultura mediterrânea já estava sob marcante influência grega. Havia, pois, a quem interessavam escravas e escravos.

Sob Neemias, houve um perdão geral das dívidas. Mas, enfim, tal perdão ajuda a quem está, no momento, em circunstâncias difíceis, não altera as condições de vida: a ameaça escravocrata que vinha do ocidente, sobre a qual o Cântico dos Cânticos lança sua imprecação: "se alguém desse toda a posse de sua casa pelo amor, certamente será desprezível" (8,5). De todo modo, ao mercado da escravidão, interessam os jovens e, em particular, as meninas-mulheres. O muro que Neemias constrói traz à tona também as dores, o "grande mal" que a sociedade já está vivendo, neste final do 5º século. Em Neemias 9,34, afirma-se, no final de uma longa reflexão-oração: "hoje, eis que somos escravos".

A restauração dos muros, na rapidez de algumas semanas, teve fundamentais repercussões na vida na região e para Judá/Jerusalém. Volta a haver mais identidade. A integração de Judá nas populações sob domínio persa na região era mais ou menos o caminho óbvio para as populações dominadas. Passo a passo seriam assimiladas, pelos senhores da área, por exemplo, pela escravização. O símbolo externo de uma cidade, com sua identidade própria, da qual logo falaremos (lei de Esdras), passa a ser um diferenciador. Os adversários da restauração do muro sabiam disso. Ressurgem, pois, as sementes de um caminho próprio para jerusalemitas e judaítas. E isso aconteceu. Mas, aí estão os limites para estas medidas que, afinal, foram pensadas no âmbito cortesão e receberam o apoio do senhor imperador; as medidas se situam dentro de parâmetros usuais. Continua a pensar-se a vida do jeito senhorial. Neemias realiza a tarefa para a qual se viu compungido e volta às suas tarefas junto ao imperador. Ele não passa a viver na cidade, cujos muros põe em pé. Portanto, a obra de Neemias (e a de Esdras) não podem ser absolutizadas, mas requerem uma interpretação na tensão com as mães que reivindicam a liberdade de suas filhas e de seus filhos a caminho da escravidão, ou de uma Rute na luta em prol de leis que interessam ao povo.

Algo similar há que dizer de Esdras. Entendo que sua obra de releitura da lei, de ressignificação da Bíblia emergente seja imediatamente posterior, em parte talvez concomitante às ações de Neemias. A tradição posterior antecipou Esdras a Neemias por razões de valor: a lei de Esdras parecia mais central aos editores da Bíblia que a ação do leigo Neemias. Historicamente há de ter sido o inverso.

O atual livro de Esdras se refere em seus caps.1-6 ainda aos tempos de 520-515 a.C. Poderia parecer que o conjunto do livro se estivesse referindo aos mesmos episódios de aproximadamente 420 a.C., quando da atuação de Neemias. Mas este não é o caso; devemos distinguir claramente entre os dois momentos: nos caps.1-6 a inauguração do templo (515) e a ação de Neemias e, em seguida, de Esdras (caps.7-10). Historicamente, haveria que matizar melhor a autonomia entre as ações de um, Neemias, e de outro, Esdras. Trata-se de fenômenos similares, mas não necessariamente interligados. Afinal, Neemias é uma ação da corte real; o estabelecimento de mais um ponto comercial da região siro-palestinense. Esdras é de outra dimensão, mais distante do imperador e mais vinculado às questões comunitárias próprias da gente jerusalemitana e judaíta.

A origem de Esdras é sacerdotal, como o realça 7,1-6. Mas, sua ação em Jerusalém não é de cunho sacerdotal. Sua ênfase é aquela que os exilados e a própria diáspora judaíta havia elaborado naqueles séculos de vida longe de Jerusalém, quando inclusive o sacrifício tampouco ia bem, como lemos em Malaquias. Havia antes um certo desinteresse pelo sacrificialismo. Acontece que o judaitismo tornava-se pelos decênios, mais e mais, uma religião da lei, dos problemas sociais como os vinculados à escravidão dos jovens (Neemias 5). Numa linha claramente profética, a religião de Esdras fica próxima da ênfase ética que os profetas lhe haviam imposto, criticando arduamente os sacrifícios e os templos que os praticavam. Não que Esdras fosse marcante e, digamos, unilateral, como profetas que frontalmente condenaram o templo (veja Jeremias 7), mas, em tendência, era o ético que lhe importava.

Parece-me que a ação se foi decidindo em meio à própria diáspora. Não é ação do estado; isso antes é um reflexo dos textos de Neemias sobre os de Esdras. Uma frase como a de 7,26 (de Esdras exigir o cumprimento da "lei de Deus e da lei do rei") muito bem pode fazer parte das releituras sobre Esdras. Este vem da comunidade dos da diáspora que celebram a lei e os salmos, aos sábados. Traz presentes e donativos destas comunidades na dispersão, comunidades bem estabelecidas, em centros comerciais do próspero império persa. Desrecomendo que, historicamente, aproximemos Esdras demais da corte do governo. Lógico, também não se trata de negar a sacrificialidade, mas de contê-la em seus devidos contornos. Afinal, quem fosse a Jerusalém lá também sacrificava, se bem que isso não sucedia no cotidiano da vida na dispersão. É o que se percebe fortemente nos Salmos de subida a Jerusalém em 120-134.

Básico em Esdras é, pois, a lei, a efetivação da *torah*, em Jerusalém e em Judá. Esta sociedade passa a estar inserida, através da cidade reedificada por Neemias, no âmbito das atividades comerciais das cidades da região, isto é, das cidades filisteias, de Samaria e da Transjordânia. Mas, esta cidade de Jerusalém e a sociedade de Judá só se podem inserir neste convívio social, caso mantenham o cumprimento da lei; estabeleçam sua própria identidade. Por exemplo, a inserção não pode acontecer às custas da escravização dos jovens (Neemias 5!). Então, não basta uma lei genérica, um diferenciador não efetivado. Precisa-se do cumprimento da lei para poder ter presença social.

Um papel importante desempenha, por exemplo, o jejum (Esdras 8,21) e a penitência (Esdras 9,3). Mas a lei mais decisiva em questão é a do casamento (Esdras 10—11). É o assunto que conecta o livro de Esdras (veja os capítulos anteriormente mencionados) com o de Neemias (10,31-32). É o assunto que marca o debate com setores judaítas que estavam se vinculando ao comércio internacional. Afinal, casas comerciais tinham e até ainda têm seu assentamento na relação entre as famílias. Assim, setores judaítas já estavam em conexão com setores amonitas e moabitas, inclusive por vínculos de casamento. É a estes aspectos que Esdras (e Neemias) principalmente se dirige? Ou se trata, desde o começo, de uma desautorização frontal a qualquer vínculo familiar com estrangeiros? Mas isso, por sua vez, não combinaria com a tendência do livro de Rute e as alegres interconexões com estrangeiros, por exemplo, em Gênesis 25. Aí ainda temos questões a debater, para poder aquilatar melhor em que medida as determinações de Esdras são compatíveis com as profundas amizades que o pós-exílio traz à tona com estrangeiros (veja Jonas)!

As ações de Neemias e de Esdras introduzem importantes novidades na sociedade judaíta. Restabelecem a segunda Jerusalém, uma cidade que terá, até sua destruição em 70 d.C., papel decisivo na história de Judá, por exemplo, na guerra dos macabeus. A diáspora ou a *golah*/deportação passa a ter relevância nos acontecimentos na Palestina. Judá/Jerusalém já não só dependem de si, mas da participação da diáspora em seus caminhos. E, além disso, Jerusalém e Judá passam a preparar-se, de modo mais adequado, para os dias vindouros: o assalto escravagista e o nivelamento comercial, ao qual os gregos querem submeter a todos. A guerra dos macabeus está começando...

9. CONTINUANDO SOB OS PERSAS: MAIS ASPECTOS DAS CONDIÇÕES DE VIDA

A comunidade judaíta e jerusalemitana se organiza de modo cada vez mais formal. Ainda prevalecem neste 4º século (aproximadamente 420 até 330 a.C., incluindo aí ainda o 3º século) condições tribais de vida. É verdade, o sacerdócio jerusalemitano amplia sua influência e tende a ser o representante judaíta em negociações com os persas e depois, no 4º século, os ptolomeus do Egito. Mas as condições familiares e tribais de vida ainda são hegemônicas e não estão substituídas nem por instâncias monárquicas e nem por condições coloniais. Afinal, desde 587 a.C. pouco se havia alterado em termos de condições sociais na Palestina.[1]

Mas, no contexto deste 4º e 3º séculos temos algumas alterações que são de relevância. Uma destas alterações marca os Salmos: a pobreza extremada em que importantes segmentos da população são lançados. O mesmo assunto temos na continuação dos Salmos, em Jó! Afinal, não há nenhum livro na Escritura que de tal forma se consome em solidariedade com as pessoas empobrecidas, particularmente com gente sem alimento e contorcida em doenças. Profetas do 8º século já enunciavam a espoliação social de modo insistente. Assim o fizeram Amós, Isaías e Miqueias. Mas, verdade, são os Salmos o livro dos sofredores, este memorial maior das dores. Os profetas do 8º século tendem a situar-se ao nível do escândalo que estas realidades dos empobrecidos constituem em meio a Israel (Amós 2,6-8!), é verdade, mas são os Salmos que mais massivamente, de salmo em salmo, tratam das dores sofridas. Afinal, os Salmos mais frequentes são os de lamentação e neles o assunto são os pobres, as mulheres,

1 Veja a respeito: Kippenberg, 1988.

as crianças, os velhos. Suas dores já não tendem a vir só de suas condições sociais imediatas, mas de seu próprio corpo fragilizado, doente, leproso, marginal, século trás século. "Meu Deus, meu Deus, por que me abandonaste?!" – este grito-pergunta não silencia, mas preenche as páginas das Escrituras (Salmo 22,1-2). Sim, o livro dos empobrecidos, por excelência, são os Salmos! O livro que lhe segue, o de Jó, adiciona outros 42 capítulos de via-sacra ao saltério: dores desde criança, ruínas sem fim, que levam a que Jó pergunte incessantemente, se a vida vale a pena ser vivida. Veja, juntando os Salmos a Jó, aliás, exatamente, como a própria Escritura procede: temos quase 200 capítulos de tragédias, de miséria e de pobreza. Esta 'profecia' pós-exílica nos dá uma ideia de quão arrasada estava esta gente na Jerusalém e na Judá constituída por Neemias e Esdras.

Haveria que identificar estas condições de vida extremamente sofrida, passo a passo, nos textos dos Salmos. A título de exemplo aponto para os Salmos de Peregrinação em Salmos 120 até 134 (Campusano, 2003). Neles a sobrevivência social dos peregrinos que se dirigem ao templo para lá participarem das festividades desta segunda-Jerusalém está esmagadoramente em desespero. Fica sabendo desde logo no Salmo 120 que de imediato se propõe a flechar os adversários. A dor leva ao sonho da flecha certeira! Contundentes são também os demais salmos destes peregrinos, pois delineiam as suas condições como de escravos foragidos de seus senhores (Salmo 124). Perigos sociais, fome e desmanche de família por toda parte. Por isso, lá vão os peregrinos em busca de seus irmãos e de suas irmãs, em busca de ajuda para ver como sobreviver. Sim, na história dos empobrecidos, mulheres e homens, os profetas são 'só' o começo. Os Salmos e Jó superam-nos em dores e na percepção da miséria humana. Hoje, já são pra lá de um bilhão de pessoas!

Este contexto, a meu ver, também pode ser percebido através do estudo do livro de Levítico, especialmente nos cap.1—16. Nestes capítulos, um dos enfoques mais realçados é o do que se designa, de modo geral, lepra (hanseníase) (Bailão, 2001). Além destes capítulos de Levítico, o assunto reaparece em outros trechos de Êxodo e Números. Lepra é doença antiga na Palestina e arredores (2 Reis 5). Mas, é, no pós-exílio, que a enfermidade contagiosa se alastra nas populações da região, incluindo aí os tempos neotestamentários (veja o evangelho de Marcos). Por um lado, isso nos dá uma ideia da miserabilidade em que se encontram as populações. Pois, pelo que consta, a lepra é, em boa medida, a doença em meio à subnutrição. Não é, pois, acaso que justamente textos tardios, como Levítico 1-16, coloquem as dores causadas com lepra no centro das atenções. O povo não só sofria a crescente espoliação em meio ao império persa mas também a crescente deterioração das condições gerais da vida. Não é, pois, acaso que a diáspora crescia. Muitos emigravam para o Egito, em especial para o Delta do Nilo, a Alexandria. E outros tantos se espalhavam por muitas terras, porque o domínio sobre a Palestina crescia no final dos tempos persas e no advento dos gregos. Na Palestina, a marginalidade dos pobres era a marca registrada da cultura, da vida cotidiana.

Pois, na mesma proporção que os corpos adoeciam, as pessoas se punham a ser criativas para sobreviver. O livro de Rute é tal livro de sobreviventes. Situaria este livro justamente nestes tempos após Esdras e Neemias, no final do 5º século. Pois, nele se propaga a proposta de que ainda há chances de sobrevivência na medida em que se volta às leis, à lei do direito à terra, à lei do direito da viúva (de Noemi). A lei é espaço de vida sobrevivente, apesar de todas as ruínas sociais, de doenças que arrastam à morte, de esquecimentos que se dão entre a gente que parece estar esquecida da *torah*. A tribalidade ainda anda funcionando, se bem que precariamente. O livreto de Rute propõe sua retomada. Os laços familiares precisam ser mantidos para que juntos se possa sobreviver. Não é, pois, nada inadequado que, na sequência dos livros bíblicos na tradução grega (Septuaginta), o livro de Rute esteja colocado junto a Juízes. Pois, é isso que importa: ativar leis antigas que propiciem a vida de empobrecidos e arruinados pela miserabilidade do final dos tempos persas e do começo da presença grega. Mas, a maior inovação pós-exílica, aquela que, a meu ver, se torna sua grande surpresa e que, até hoje, não integramos decisivamente na visão do Primeiro e nem do Segundo Testamento, é a literatura sapiencial que jorra, com entusiasmo incomum e sem precedentes, nestes tempos do 4º e 3º séculos a.C. Estes materiais literários inovadores nos dão um acesso surpreendente a grupos sociais e intelectuais da sociedade judaíta, dominada pelos persas e ameaçada pela escravização e homogeneização grega. Tais grupos de sábios já estavam aí, pelo Primeiro Testamento afora, mas é, no pós-exílio, que seu encanto se impõe. A história da sucessão de Davi, em 2 Samuel 6 até 1Reis 2, profetas como Amós e Oseias e outros já estão sob a influência da sabedoria. Mas, é, no pós-exílio tardio, que estes sábios consolidam sua presença numa série de livros que estabelece sua autonomia. Pelo que nos consta a primeira literatura neotestamentária sobre Jesus de Nazaré igualmente privilegiou a sabedoria, na assim chamada *Fonte Q*.

Nesta literatura a vida cotidiana é o assunto decisivo, não a história da salvação. A sabedoria não é histórico-salvífica. É criacional. Sua avaliação da vida ocorre dentro destes parâmetros de ir constituindo uma vida sábia, através de provérbios, exemplos e reflexões. A preocupação deixa de ser o monojavismo como parâmetro para soluções. Os brotos sapienciais brotam da reflexão, da observação e da cotidiana intervenção na vida.

Estes encaminhamentos sapienciais são antigos e o Primeiro Testamento comparte aí uma visão mesopotâmica da vida. Em parte também egípcia. Mas, é no pós-exílio que círculos judaítas elaboram os encaminhamentos de modo muito fértil e dentro de visão muito peculiar. A coleção dos Provérbios em parte nos coloca em tempos antigos, em especial alguns capítulos (cap. 16—22), mas outros estão nitidamente nestes tempos pós-exílico tardios, como os cap. 1—9 ou 10—15, ou os finais, que provêm de povos vizinhos (cap. 30—31). Os ensinamentos de vida formulados, nestes Provérbios, têm o valor neles mesmos, muito mais do que em Javé. O brilho que merecem é aquele que emana de suas sabidas formulações que captam a vida e a põe a caminho.

Em Jó, é verdade, temos teologia no começo (cap. 1—2) e no final (caps.40-42), se bem que não diria tratar-se aí do melhor da teologia. No mais o livro de Jó, além de provir de fora de Israel e Judá, como parte que é da literatura internacional da época, permite-nos perceber que Judá arrisca em sua teologia. Na sabedoria, não se repete, mas abrem-se brechas para encontrar novas saídas para a teologia. A gente até se sabe lembrado de Sócrates e de sua defesa no processo de condenação à morte![2]

O Cântico dos Cânticos (= Cantar dos Cantares) é um livro muito surpreendente, e precisa ser mencionado neste contexto de memoriais de resistência ao senhorio persa e grego. Nele se nos abrem as portas para compreender quão decisiva era para as jovens mulheres a ameaça escravagista. Os próprios irmãos chegavam a considerar interessante vender as irmãs para aumentar os ingressos financeiros (8,8-9!). Sabiamente o escrito argumenta em prol do amor e da paixão como sendo o melhor da vida, de longe superior ao controle e à opressão da mulher.

Eclesiastes e Jesus Siraque (= Eclesiástico) nos situam já em pleno 3º século a.C., em tempos ptolomaicos. Os dois textos não combinam quanto à sua perspectiva. Afinal, Eclesiastes/Coélet busca uma saída para a vida feita "canseira", diferente de Jesus Siraque, muito mais conservador em seus propósitos. Mas, de todo modo, a sabedoria em sua ciência da vida se vai tornando independente com suas propostas de que a sã reflexão, a consciência do saber basta para entender a estupidez da miséria e da escravidão. Aí temos o que o pós-exílio, ao lado dos Salmos, elaborou de mais contundente em prol da liberdade. A geração

2 Veja Platão, Apologia de Sócrates, tradução de Enrico Corvisieri e de Mirtes Coscodai, São Paulo, Nova Cultural, 1999, 287p. (Os Pensadores).

dos macabeus, com sua contestação revolucionária e a herança dos zelotes, tem suas raízes no âmago do Israel pós-exílico.

Por fim, quero lembrar que Israel e Judá, nestes tempos, se fizeram plurais na maneira de ver a vida celebrada em torno dos altares religiosos e das tradições bíblicas. O mais importante certamente são as sinagogas, como a de Dura-Europos, às margens do rio Eufrates, na atual Síria. Outras mais terão começado a existir por muitas partes. Como no geral estavam integradas a uma casa, como eram recintos de alguma casa, as escavações arqueológicas têm lá seus problemas para identificá-las. E, além disso, muitas reuniões sinagogais inclusive terão sido feitas a céu aberto, junto aos "salgueiros", como diria o Salmo 137,2. Enfim, esta história das sinagogas, nestes séculos finais do 1º milênio a.C., ainda carecem de maior desvendamento. Mas elas já se espalharam pelo Antigo Oriente, por exemplo em Alexandria, no Delta do Egito, onde entrementes, desde aproximadamente 300 a.C. se elaborava, passo a passo, a tradução da Bíblia Hebraica ao grego, constituindo a Septuaginta. O templo de Jerusalém não existia sozinho.

Além de não estar sozinho como instituição religiosa javística, considerando que as sinagogas lhe eram alternativas, o templo a Javé em Jerusalém também tinha sua 'concorrência'. Em algum momento, penso que no período final dos persas, acrescentou-se o templo a Javé na Samaria, no Monte Garizim. Sacerdotes que viviam em tensão com Jerusalém tornaram este templo o lugar sagrado, até os dias de hoje, lugar sagrado de uma comunidade de samaritanos, devotos dos cinco livros de Moisés, da *torah*/"lei". Sul e norte continuavam a viver, em novas configurações, suas divisões, até hoje.

Além deste templo no Garizim, outro foi construído, inclusive com licença de Jerusalém e Samaria, na ilha de Elefantine, no rio Nilo, no Egito. Não são muitas as notícias que daí temos, além de sabermos que naquela ilha do Nilo, a colônia militar aí residente, realmente também praticava sacrifícios. Neste templo, não só se celebrava a Javé (a Jaho), mas também a sua esposa, estando, pois, aquele templo dedicado a um casal de divindades, numa nítida transformação do culto praticado na Palestina. Não há de ser acaso que, em Provérbios 8,22-31, Javé tenha a sabedoria desde o começo da criação a seu lado![3] Em todo caso, o javismo era, pois, celebrado com ênfases diferentes em diferentes lugares. Os textos pós-exilicos, de modo algum, são tão uniformes que não percebêssemos estas tônicas distintas em relação às mesmas tradições. O javismo de modo algum era uma religião monótona, toda ela, digamos, perfilada em torno de Esdras e Neemias. Era ampla e criativa. Não é acaso que a criativa religião neotestamentária surja em seu âmago! Nem tampouco que o farisaísmo inovador se tenha transformado no judaísmo multifacetário ao longo da historia até hoje.

Entendo que, nestes tempos persas e gregos, o judaísmo era criativo em seus diversos segmentos. Não fosse assim, não teria suportado o avassalador avanço selêucida, dos gregos da Síria.

3 Ver: Lopes, 2007.

10. OS MACABEUS: SOLUÇÕES E LIMITAÇÕES

Os macabeus se constituem nestes dois últimos séculos do Primeiro Testamento como o acontecimento fundamental, tanto em relação às soluções que apresenta quanto em relação aos grandes problemas que traz. Seu evento é decisivo, porque soluciona e, como que, aumenta o próprio problema, cuja solução constitui. Afinal, a revolução é desenvolvida por sacerdotes. Alcança, pois, a sociedade de modo representativo, mas traz embutido os dilemas de uma sociedade reagrupada sacerdotalmente.

Os selêucidas da Síria eram um dos grupos herdeiros do império consolidado por Alexandre Magno, quando a partir de 333 a.C. foi anexando as terras fenícias e filisteias, depois os egípcios e, por fim, os persas, chegando em suas conquistas até a Índia. Em sua morte, este vasto império foi subdividido entre seus generais, cabendo a Síria a Seleuco e o Egito, incluindo a Palestina, a Ptolomeu. Como os ptolomeus tendiam a se concentrar no Egito, a Palestina, que lhes ficava um tanto distante, não lhes interessava tanto. De outro modo se comportaram os selêucidas.

Para tal há que entender que o contexto histórico, em que estes selêucidas desdobravam seu domínio, era peculiar. E isso tem a ver com os romanos. Em 200 a.C., os romanos 'solucionaram' uma questão que os estava mantendo conectados ao ocidente mediterrâneo. Tratava-se das disputas com Cartago (do norte da África) pelo controle do Mar Mediterrâneo ocidental. Em 200 a.C., Roma destrói Cartago. Seu interesse, agora, ruma ao oriente. A Grécia rapidamente é conquistada. E, com isso, os romanos têm diante de si os selêucidas como próxima meta no norte do oriente. Entrementes estes mesmos selêucidas se endividam em guerras, na Mesopotâmia e na Ásia Menor (na atual Turquia). Buscam, pois, fontes, a partir das quais pudessem financiar seu estado e sua estabilidade. Atacaram os ptolomeus, no Egito, mas sem um sucesso decisivo, uma vez que os egípcios foram apoiados pelos romanos, seus amigos. Assim os selêucidas voltaram de mãos vazias de suas tentativas de conquistas e saques. Restou-lhes assaltar pelo caminho, onde pudessem encontrar ainda alguma riqueza. Foi assim que tomaram Jerusalém e pilharam seu templo. Antíoco IV Epífanes chega a invadir o Santo dos Santos do templo jerusalemitano, rapinando de lá toda prata e todo ouro que encontrasse. Esta é a "abominação": um leigo estrangeiro no Santo dos Santos para roubar! Pior ainda a situação se torna quando Antíoco dá um passo a mais: proíbe o sábado e a circuncisão, estes símbolos principais do judaitismo pós-exílico, enfim, proíbe o culto a Javé em Jerusalém. Estamos em 167 a.C.!

Em Jerusalém, alguns círculos judaítas e jerusalemitas aparentemente silenciaram, ao menos no primeiro momento. Houve quem aderisse às proibições. Mas, o mesmo, em todo caso, não sucedeu no interior. Em uma pequena vila interiorana, Modin, na subida das montanhas judaítas, agentes selêucidas se puseram a fazer cumprir os decretos de Antíoco. E foram malsucedidos porque mortos pela família sacerdotal que por lá vivia. A família tivera em Asmoneu um de seus ilustres antepassados. Por isso, a revolta passa a ser designada por revolta asmoneia (ou dos macabeus). A liderança estava com Matatias, o sacerdote de idade avançada. Já em 166, é sucedido por Judas (até 160). Os selêucidas continuavam envolvidos em seus assaltos de saque, agora em regiões mesopotâmicas. Não fizeram, desde seu começo, frente à revolta que rapidamente se alastrava por Judá. Pequenos contingentes de guardas selêucidas foram sendo destroçados pelos revoltosos, enquanto os selêucidas se mantinham à distância. Antíoco inclusive morreu no próprio ano 162 a.C., num de seus assaltos a templos na Síria. A abominação estava castigada! O templo é reconquistado e devidamente purificado, em dezembro de 164! Surge o livro de Daniel, cuja segunda parte, caps.7-12, encontra explicações apocalípticas para interpretar o que sucedia com as "abominações" do império. Seu último capítulo anuncia ressurreição a quem morre na justiça, a quem sem recorrer à violência se mantém convicto nos caminhos da fé javista. Nem todos foram tão radicais; grupos que posteriormente vão resultar nos fariseus mantinham o direito à defesa bélica dos judaítas, se bem que preferem o descanso aos sábados. Enfim, os grupos que aderam de uma ou outra forma à rebelião não alcançam plena unidade sob os macabeus, mas estes se vão mostrando competentes nos embates localizados em que superam tropas de ocupação e setores do exército selêucida, enfim, um império em agonia. O campesinato judaíta e a gente jerusalemita estavam em guerra frontal contra os selêucidas, sob o comando dos macabeus. Pequenas vitórias se iam somando. A Judas sucede o irmão deste, Jônatas, em 160-143 a.C. A fase inicial, popular, carismática dos acontecimentos vai chegando a seu final. Sob Jônatas, acrescentam-se novos territórios aos dos asmoneus. De uma revolta popular, pouco a pouco, vai emergindo uma política de estado. Afinal, romanos e egípcios/ptolomeus, amigos entre si, viam com bons olhos os estragos que os macabeus impunham aos selêucidas, cujos dias estavam contados. Havia apoio internacional para esta revolta. Já não era tão espontânea e nem tão inocente como fora no começo, quando de Matatias e Judas. Emergia uma monarquia. E sob mais outro filho de Matatias no poder, de nome Simão, celebradíssimo em Jesus Siraque 50, cresce a institucionalização. A partir deste Simão, os macabeus/asmoneus vão assumindo, cada vez mais, categorias da opressão. O movimento da libertação e liberdade vai enveredando pelo seu contrário. Este ambiente vai prevalecer a tempo da invasão romana na Palestina. Sob os romanos, a partir de 64 a.C., a política e as condições de vida do povo tomam formatos cada vez mais dramáticos e insuportáveis. Mas destas condições há que matizar os detalhes no contexto neotestamentário. Por isso, concluímos aqui.[1]

1 Ver, Gallazzi, 2014.

REFERÊNCIAS

ARDILA, E. A.

A tuas tendas, Israel: um estudo do mundo da tenda a partir de 1 Reis 12,16. (Dissertação de mestrado). São Bernardo do Campo, Universidade Metodista de São Paulo, 1996, 127p.

BAILÃO, M. P. M. C.

Até que venha Silo: um estudo do messianismo pré-monárquico a partir de Gênesis 49,8-12. (Dissertação de mestrado). São Bernardo do Campo, Universidade Metodista de São Paulo, 1994, 196p.

Doença impura como limite da identidade comunitária. (Tese de doutorado). São Bernardo do Campo, Universidade Metodista de São Paulo, 2001, 318p.

O nascimento do messianismo judaíta. *Estudos Bíblicos*. Petrópolis: Vozes, v. 52, 1997, p. 9-15.

BALANCIN, E. M.

Como ler o livro de Habacuc - A teimosia do justo. São Paulo: Paulinas, 1991, 43 p. (Como ler a Biblia).

CAMPUSANO, M. C. V.

Opressão e resistência reveladas pelos corpos peregrinos: um estudo de gênero, classe e etnia a partir dos Salmos de Subida (Salmos 120-134). (Tese de doutorado). São Bernardo do Campo, Universidade Metodista de São Paulo, 2003, 309p.

CROATTO, S.

A dívida na reforma social de Neemias: um estudo de Neemias 5,1-19. *Ribla*. Petrópolis/ São Leopoldo/São Paulo: Vozes/Sinodal/Imprensa Metodista, vol.5/6, 1990, p.25-34.

DOBBERAHN, F. E.

Uma antiga leitura sobre a revolta das tribos do norte contra a dinastia davídica após a morte de Salomão. *Ribla*. Petrópolis: Vozes, 1994. p.81-99. v. 19.

DONNER, H.

História de Israel e de seus povos vizinhos. São Leopoldo: Sinodal, 1997, 2 v.

DREHER, C. A.

O cântico de Débora (Juízes 5): conflito social e teologia num episódio da História de Israel. (Dissertação de mestrado). São Leopoldo, Escola Superior de Teologia, 1984, 178p.

A formação social do Israel pré-estatal. *In:* A Palavra na Vida, vol.49, Belo Horizonte, *Centro de Estudos Bíblicos*, 1992, 42p.

A formação social do Israel pré-estatal: uma tentativa de reconstrução histórica, a partir do Cântico de Débora (Juízes 5). *Estudos Teológicos*, São Leopoldo, Faculdade de Teologia da IECLB, 1986a, p.169-201. v.26.

O trabalhador e o trabalho sob o reino de Salomão. *Estudos Bíblicos*. Petrópolis/São Leopoldo/São Paulo: Vozes/Sinodal/Imprensa Metodista, 1986b, p.48-68. v. 11.

Salomão e os trabalhadores. *Ribla*. Petrópolis/São Leopoldo/São Paulo: Vozes/Sinodal/Imprensa Metodista, 1990. p.14-24. v.5/6,

ECHEGARAY, J. G.

O crescente fértil e a Bíblia. Petrópolis: Vozes, 1995.

Israel e Judá – Textos do Antigo Oriente Médio. São Paulo: Paulinas, 1985. (Documentos do Mundo da Bíblia).

GALLAZZI, S.

Comentário Bíblico Latinoamericano: 1 Macabeus. 2. ed. Rio de Janeiro: Contra O Vento, 2014.

GARMUS, L.

O imperialismo: estrutura de dominação. *Ribla*. Petrópolis: Vozes, 1989, p.7-20. v. 3.

GOTTWALD, N. K.

As tribos de Iahweh – Uma sociologia da religião de Israel liberto 1250-1050 a.C. São Paulo: Paulinas, 1986. (Bíblia e Sociologia, 2).

HAHN, N. B.

A profecia de Miquéias e "meu povo". *Estudos Bíblicos*, 73, Petrópolis: Vozes, p.92-101, 2002.

KIPPENBERG, H.

Religião e formação de classes na antiga Judeia. São Paulo: Paulinas, 1988.

LOPES, M.
A mulher sábia e a sabedoria mulher: símbolos de co-inspiração. Um estudo sobre a mulher em textos de Provérbios. São Leopoldo: Oikos, 2007, 218 p.
MESTERS, C.
A missão do povo que sofre: cânticos do servo de Deus no livro do profeta. Petrópolis: Vozes, 1985.
Por trás das palavras. São Paulo: Paulinas, 1987.
NAKANOSE, S.
Uma história para contar – Páscoa de Josias: metodologia do Antigo Testamento a partir de 2 Reis 22,1-23.30. São Paulo: Paulinas, 2000, 342p. (Partilhando a Bíblia)
NOTH, M.
História del Israel. Barcelona: Garriga, 1966.
PEREIRA, N. C.
Profecia cotidiana e a religião sem nome: religiosidade popular na Bíblia. Rio de Janeiro: Contra O Vento, 2022.
Morte e vida na panela: ervas e farinha no ciclo de milagres do profeta Eliseu. *Ribla*, Petrópolis, Vozes, v. 49, 2004, p.18-29.
SCHWANTES, M.
As monarquias no antigo Israel: um roteiro de pesquisa histórica e arqueológica. São Leopoldo/São Paulo: CEBI/Paulinas, 2006.
A terra não pode suportar as palavras: reflexão e estudo sobre Amós. 2. ed. Rio de Janeiro: Contra O Vento, 2025.
Comentário bíblico latino-americano: Ageu. 2. ed. Rio de Janeiro: Contra O Vento, 2025b.
Esperanças messiânicas e davídicas. *Estudos Bíblicos*. Petrópolis: Vozes, 1989, p.18-29. v. 23.
Gênesis 12-25: Deus vê e Deus ouve. São Paulo: Loyola, 2008.
Natã precisa de Davi – Na esperança da igreja profética. *Estudos Teológicos*. São Leopoldo: Faculdade de Teologia da IECLB, vol.18, 1978, p.99-118.
Sofrimento e esperança no exílio: história e teologia do povo de Deus no século VI a.C. São Leopoldo: Oikos, 2007, 142p.

SILVA, D. S.
O pobre oprimido reverte os rumos da história: proposta profética de Habacuc. (Tese de doutorado) São Bernardo do Campo, Universidade Metodista de São Paulo, 1997, 301 p.

ZABATIERO, J. P. T.
Comentário bíblico latino-americano: Miqueias. Voz dos sem-terra. 2. ed. Rio de Janeiro: Contra O Vento, 2025.